现代高校体育教学与运动训练研究

张萍 著

哈尔滨出版社

图书在版编目（CIP）数据

现代高校体育教学与运动训练研究/张萍著.—哈尔滨：哈尔滨出版社，2022.11
　　ISBN 978-7-5484-6915-5

　　Ⅰ.①现… Ⅱ.①张… Ⅲ.①体育教学—教学研究—高等学校②运动训练—教学研究—高等学校 Ⅳ.① G807.4 ② G808.1

中国版本图书馆 CIP 数据核字（2022）第 216624 号

书　　　名：	现代高校体育教学与运动训练研究

XIANDAI GAOXIAO TIYU JIAOXUE YU YUNDONG XUNLIAN YANJIU

作　　者：	张　萍 著
责任编辑：	杨浥新
封面设计：	皓　月

出版发行：	哈尔滨出版社（Harbin Publishing House）
社　　址：	哈尔滨市香坊区泰山路 82-9 号　　邮编：150090
经　　销：	全国新华书店
印　　刷：	廊坊市海涛印刷有限公司
网　　址：	www.hrbcbs.com
E-mail：	hrbcbs@yeah.net

编辑版权热线：（0451）87900271　87900272

开　　本：	787mm×1092mm　1/16　印张：13.5　字数：227 千字
版　　次：	2023 年 4 月第 1 版
印　　次：	2023 年 4 月第 1 次印刷
书　　号：	ISBN 978-7-5484-6915-5
定　　价：	68.00 元

凡购本社图书发现印装错误，请与本社印制部联系调换。

服务热线：（0451）87900279

前 言

大学生是祖国未来现代化建设的人才。健壮的体魄、良好的心理素质、高尚的道德情操已成为21世纪对人才的基本要求。大学生正处于身体发育的旺盛阶段，因此树立健康第一的思想、培养良好的体育锻炼习惯、掌握科学的体育锻炼方法，对于提高大学生个人身体素质，进而提高全民族体质，具有特别重要的意义。高校体育教学是我国高校教育和体育教育的重要组成部分，在促进我国体育和教育事业发展、促进大学生健康全面发展方面发挥着重要作用。

运动训练的目的就是为了让大学生通过科学、合理的训练，有效地提高自己的运动水平以及在比赛中取得良好的成绩。近年来，随着科学技术的不断进步与发展，提高运动训练的有效性对于专业的大学生来讲是至关重要的。在训练时要把将大学生的最好状态发掘出来作为最终目的，还要把各个阶段的不同特性作为考虑因素，详细地制订出一个有针对性的训练计划，按照计划有原则、有步骤地进行训练，进而达到高质量、高效率的目标。

为了适应高校体育基础教育课程改革的需要，促使高校体育教学论的日趋成熟，特编写此书，本书有以下四个基本特色：

第一，时代特色。本书体现出体育教育的变革，一方面体现基础教育课程改革的理念和要求，另一方面体现高校体育教学自身发展的特色和与时俱进的最新成果，包括现代教学理论成果和近年来成功的教学实践成果。

第二，基础性特色。本书精选教师在教学过程中必备的基础知识和基本技能为其主干内容，以教学环境、教学方法为主线展开，注重教师基本能力的培养。

第三，创新特色。本书在继承教法经验的基础上，对传统学科教学论的框架有所突破，内容有所创新，体现现代教育理念和先进的方法体系，成为21世纪贯彻素质教育的学科教学论新平台。

第四，实用性特色。本书在对理论阐述的基础上，介绍具体方法和实施过程，体现运动训练，注重与社会生活的联系，使读者感到真实有用，乐于学习。

本书在内容上仍采取从抽象到具体、从原理到操作，层层推进又自成体系。既强调应有的理论深度，又注意具体的操作运用。

目 录

第一章　现代高校体育教学概述 …………………………………… 001
第一节　体育教学研究概念 ………………………………… 001
第二节　体育教学和体育教学研究的目的 ………………… 006
第三节　体育教学研究的条件 ……………………………… 009
第四节　体育教学研究的方法 ……………………………… 014

第二章　现代高校体育教学内容 …………………………………… 023
第一节　体育教学内容概述 ………………………………… 023
第二节　体育教学内容的目标与要求 ……………………… 029
第三节　体育教学内容的分类和层次 ……………………… 035
第四节　体育教材化及其内容 ……………………………… 039

第三章　现代高校体育教学设计 …………………………………… 046
第一节　体育教学设计概述 ………………………………… 046
第二节　体育教学目标的设计 ……………………………… 052
第三节　体育教学策略的设计 ……………………………… 054
第四节　体育教学媒体的设计 ……………………………… 057
第五节　体育教学过程的设计 ……………………………… 060

第四章　现代高校体育教学思想观念改革与发展 ………………… 064
第一节　我国高校体育教学思想的演变 …………………… 064
第二节　现代教育理论对体育教学思想发展的影响 ……… 065
第三节　现代体育教学思想分析 …………………………… 070
第四节　现代高校体育教学思想的整合、引领与发展 …… 082

第五章 现代高校体育教学效率要素的优化与发展 ……088

第一节 高校体育教师与学生的互动及发展 ……088

第二节 高校体育课程内容资源的挖掘与发展 ……092

第三节 高校体育教学方法与手段的选择及优化 ……096

第四节 高校体育教学过程的优化发展 ……107

第六章 现代高校体育教学与运动训练模式研究 ……114

第一节 高校体育教学与运动训练异同互补研究 ……114

第二节 高校体育教学与运动训练互动模式研究 ……122

第三节 高校运动训练专业学生"体教结合"培养模式 ……124

第四节 高校运动训练和体育教学的协调发展模式 ……127

第七章 现代高校体育科学化运动训练及训练管理 ……130

第一节 高校体育科学化运动训练的基础 ……130

第二节 高校体育科学化运动训练的原则 ……134

第三节 高校体育科学化运动训练的要素 ……136

第四节 高校运动训练的管理 ……140

第八章 现代高校体育运动力量与速度素质的训练方法 ……160

第一节 促使力量素质提升的训练方法 ……160

第二节 促使速度素质提升的训练方法 ……177

第九章 现代高校体育运动耐力与灵敏素质的训练方法 ……190

第一节 促使耐力素质提升的训练方法 ……190

第二节 促使灵敏素质提升的训练方法 ……197

参考文献 ……208

第一章 现代高校体育教学概述

第一节 体育教学研究概念

目前，全面实施素质教育，促进大学生健康成长，是摆在我们面前的一项艰巨的任务。体育教学作为大学生健康教育的重要内容，受到广泛的关注。体育教学的研究也越来越受到重视。体育教学研究是提高体育教师的教学能力和体育教学质量必不可少的工作，在体育教学过程中发挥着非常重要的作用。

没有研究就没有创新，没有创新就没有体育教育事业更好的发展。体育教学研究是提高体育教学质量、完善体育教学方法和策略的主要手段。放弃对体育教学的研究，体育教学将失去不断进步的动力和条件，体育教学也终将失去意义和生命力。

一、体育教学研究概念

体育教学研究，即借助科学的研究方法、研究手段，针对体育教学的现状和存在的问题，不断地完善体育教学的方法和手段，从而提高教学质量，借此向更多的体育爱好者和研究者揭示体育教学现象的本质及一般规律而开展的一项具有研究意义的工作。

体育教学研究的根本目的是提高体育教学质量，不断地完善当今体育教学的理论知识。从对当前高校教育中体育教学的调查和研究来看，受应试教育的影响，很多高校忽视了体育教学的重要性，没有健全的体育教学理论知识，对体育教学的认识不足。随着素质教育的全面实施，各高校都应该加强对体育教学的研究，不断地完善体育教学的理论知识和提高体育教学质量，从而提高大学生的身体健康水平。

提高体育教学质量的根本途径是解决体育教学实践中出现的一系列问题，因此，可以将体育教学研究的对象定义为体育教学实践中存在的影响体育教学质量的问题，而不是体育教学中的一些理论问题。这主要是因为体育教学是以教学实践为主，体育教学中的理论知识只是实践教学的辅助，而体育教学实践是体育教学的最终表现形式，因此，要想不断地提高体育教学的质量，体育教学研究者应该对体育教学实践进行调研，从中找出存在的问题，然后根据这些问题对体育教学进行针对性的研究。

体育教学研究是一项较为特殊的研究，其研究的对象是体育教学实践中存在的影响体育教学质量的问题，因此，体育教学研究方法的选择也应该从体育教学的实际和体育教学的本质出发，采用科学研究和教育实践研究相结合的方法，即从科学的角度分析体育教学实践中阻碍教育质量提高的主要原因，然后将这些分析结果以及分析的过程借助体育教学实践进行研究验证，这样才能联系实际解决体育教学中存在的问题，不断提高体育教学的质量。

体育教学研究的主要内容是体育教学现象的本质及体育教学中存在的规律。体育教学是大学生学习生涯中必不可少的一个环节，是高校对大学生进行身体健康教育，从而使大学生陶冶情操、放松身心的主要方式。随着国家对大学生健康教育重视程度的不断提高，对大学生进行健康教育是每一个高校必备的课程。对体育教学的研究者而言，只有清楚体育教学现象的本质，了解体育教学中存在的规律，才能将体育教学质量的提高落到实处。

二、体育教学研究的意义

从培养大学生的角度来看，体育教育是不容忽视的，在体育课上，教师可以采用形式多样的教学方式，借助各种有利于大学生成长的体育活动，加强大学生的身体锻炼，在活动中潜移默化地培养大学生的心理素质、团队意识、沟通交际能力等，这有利于大学生的身心成长和发展。

（一）体育教学研究可以促进体育教学理论的发展

体育教育正式进入我国教育行业成为一门独立学科的时间还比较短，较其他学科而言，体育教育无论是在教学理论还是在教学实践方面，都有待进一步研究和发展。在当今体育教学的发展过程中，人们对体育教学的研究主要是进行一些运动、锻炼等活动。但是体育作为一门独立的学科，与运动、锻炼等活动在目的、内容、性质、意义等方面都存在很大的差别。因此，为了更好地保证体育教学的实施，提升体育教学质量，我们应该从当前体育教学的实际情况出发，从体育教学的特殊性出发，结合大学生成长的特点对体育教学进行深入的研究和分析，制定出一套符合体育教学的理论和方法，降低体育教师进行体育教学时的盲目性，让其更好地为体育教学服务。

（二）体育教学研究有利于体育教学的改革和发展

近年来，改革成为我国教育事业所面临的一个重要课题，在教育改革政策和方针的约束和指引下，各个学段、各个学科的教学改革正在紧张地进行，体育教学改革也如火如荼地进行着。但是，我国体育教学的改革一直面临以下几个方面的问题：第一，目前关于体育教学的理论研究不充分，因此，无法把握体育教学改革的方向；第二，缺乏对体育教学方法的研究，无法寻找有利于提高体育教学质量的教学手段和方法，无法保证体育教学改革的进一步实施；第三，缺乏对当前情况下的体育教学改革过程中涉及的新理论和教学方法的可行性分析，无法衡量体育教学改革政策的适合与否。以上三个问题均严重制约了我国体育教学和教学课程改革的发展。因此，科学的体育教学研究有利于正确地把握我国体育教学事业的发展方向，有利于科学的体育教学方法的发现和实施，有利于可行性体育教学模式的发掘。因此，体育教学研究有利于我国体育教学的改革和发展。

（三）体育教学研究有助于体育教师能力的提高

随着社会的发展进步，信息更新速度的不断加快，教学质量也在进一步提高，社会对教师的教学能力和知识储备的要求也在不断提高，因此，教学与研究互相渗透已经成为提高教学质量、完善教师自身素质的必经之路。体育教学研究能够直接提高体育教师的教学能力，可从以下几个方面进行分析：第一，能够提高体育教师的教学设计能力。体育教师在研究体育教学的过程中，会增强问题意识，更加清晰明了地拓宽体育教学设计的思路，完善体育教学的方法。第二，能够不断地激发体育教师的创造性。体育教师在进行体育教学研究的时候，其所接触到的体育教学方面的知识也更加直观、全面，认识到的教学实践也更加客观和深入。第三，能够帮助体育教师获得更多的新知识，不断地拓宽其知识面。第四，能够促进教师之间的交流和合作，更好地促进体育教学知识和教学实践经验的增长。因此，体育教学研究有助于体育教师教学能力的提高。

三、体育教学层次的研究

从当前体育教学的特点以及体育教学研究的成果来看，体育教学研究并不是单一的研究层次。按照体育教学研究的内容不同进行层次的划分，不仅有利于教学研究的有效进行，而且有利于开展全面、深入的研究。

（一）描述现象层次的研究

描述现象层次的研究虽然是体育教学研究中最基础的工作，但也是最重要的工作。因此，在进行这一层次的研究时，首先应该保证研究的客观、准确、全面性，这样才能获取体育教学各个层次的可靠信息，才能为体育教学的继续研究提供充足的信息。

（二）对描述现象进行解释和归因层次的研究

所谓对描述现象进行解释和归因层次的研究，其实就是在描述现象层次研究的基础上，对所描述的现象结合体育教学的特点进行认真的综合分析，研究出阻碍体育教学质量提高的原因。解释的主要意义在于帮助人们理解体育教学现象之间存在的联系，归因的主要任务就是阐述这种现象发生的实际原因。这一研究属于体育教学研究的中级层次，但是，目前我国很多体育教学研究者对这一现象的研究不深入、不全面，这主要是因为在进行这一层次的研究时，对产生现象的分析角度不够全面、深入，分析问题的方法不科学。对于体育教学研究而言，要想不断地提高体育教学质量，就应该对目前体育教学中存在的现象进行正确、深刻的分析和归纳，这样才能正确地揭示体育教学中一些阻碍教学实施的现象，从中得到正确的因果关系。

（三）实证层次的研究

通过对体育教学研究层次中的第二层次的研究，可以清楚地把握目前体育教学现象的因果关系，因此，实证层次的研究实际上就是对第二层次所获得的因果关系进行实证研究，其主要目的就是验证第二层次中所研究的因果关系能否在真实的体育教学环境中发生。因此，实证层次的研究是体育教学研究中的中心环节，这个环节可以获得最可信的研究结果。实证层次研究的主要方法是实验法，通过实验让假设的命题在一次次的实验中获得永恒的规律。但是由于体育教学研究面临很多不确定的因素，具有很强的社会性，在研究的过程中不可能像一般的实验研究那样拥有很多的可控因素，因此，在进行实证研究的过程中，应该精心地进行命题的假设和推理，全面地设计实验，在对实验结果进行仔细分析的基础上，对实验所得出的结论进行恰当的总结和分析。

（四）理论和外推层次的研究

对于体育教学研究而言，在对所研究的体育教学规律进行实证之后，就应该将其概括总结为理论知识，因此，理论研究的主要目的就是说明体育实证层次研究中所得到的因果关系或体育教学规律的发生条件和原则。再加上目前我国体育教学中缺乏理论方面的创新，因此，这一环节对于体育教学质量的提高很重要。外推的本质意义就是将所得的理论知识应用于实践教学之中，所以在进行理论和外推层次的研究中，最重要的两点就是对理论知识进行高度概括，并找出合适的外推手段。

四、体育教学研究的特点

众所周知，体育教学与其他的学科教学有着很大的区别，因此，体育教学研究也不等同于其他学科的科学研究和教育理论研究。根据体育教学的特点可知，体育教学研究的主要特点是学理性、实践性和复杂性。

（一）体育教学研究的学理性

体育教学本身就是以传递体育教学相关的知识和技能为过程的教学，所以其方方面面都是围绕着教与学进行的，无论是教师教授的过程还是大学生接受学习的过程，都必须遵守教学的规律。因此，对体育教学的研究，也应该和其他学科的教学研究一样，归根到底都是学理性的研究，如果体育教学不具有这一特点，那么教学就无法科学、有效地进行。

（二）体育教学研究的实践性

体育教学的很多理论知识都是在实践的基础上产生的，并且在实践中得到验证，这使得教学理论能够在不断的实践中得到检验、修正、丰富和发展。因此，教学研究也应该围绕着教学实践进行，这样才能使体育教学研究成为真正有意义的研究。换言之，如果体育教学研究脱离了教学实践，那么将失去研究的意义。

（三）体育教学研究的复杂性

体育教学活动是由多种因素和变量组成的，但是这些变量之间并不是孤立存在的，每一个变量都是与其他的变量相互约束、相互制约的。开展教学研究的根本目的，就是将这些变量之间相互作用的复杂关系展现出来。人们通过对体育教学的研究，提出体育教学变量主要由三类变量组成：一是环境变量，主要表现在课堂环境和状态对学习效果的影响；二是过程变量，是指师生的课堂行为、知识特点等对学习成果的影响；三是结果变量，是指教师所期望的以及教师拟订教学活动计划所依据的、可用有效的教学目标和标准加以衡量的教育成果。

第二节 体育教学和体育教学研究的目的

一、体育教学的目的

众所周知，体育教学是高校教育的重要组成部分，而高校所开展的体育教学又是体育终身教学的前提和基础，是培养广大青年健康体魄的重要课程，因此，体育教学质量的高低直接影响着国家和民族的生命力旺盛与否；不仅如此，体育教学质量也是社会文明进步的衡量标志。作为一名体育教师，必须明确体育教学的目的，强化大学生对体育教学重要性的认识，培养大学生参加体育教学的积极性。我国开展体育教学有以下几个方面的目的。

（一）提高大学生的体能综合素质

改革开放以来，我国的体育教学工作得到了蓬勃的发展，大学生的身体素质和生长发育状况也在不断改善。但是，也必须注意到，受传统应试教育的影响，目前我国很多高校存在重智育、轻体育的现象，这既加大了大学生的学业负担，同时也极大地剥夺了大学生休息和体育锻炼的时间，进而导致我国大学生的体质状况不容乐观，出现肺活量降低、肥胖、近视、意志力薄弱等诸多问题。因此，我国应该积极开展体育教学，以提高大学生的体能以及综合素质。

（二）提高大学生对体育锻炼重要性的认识

大学生在进行体育锻炼的过程中，能够不断地提高自身的综合素质，从体育教学中获取社会对大学生的要求，也在体育教学中获得基本的交际能力，不断地提升自己的社会认同感，从而理解并认识到体育教学在大学生教育中的重要性。这样大学生才能积极地学习体育知识，主动参与到体育活动中去，这对于我国体育教学的发展起到很好的推动作用。与此同时，大学生提高对体育教学重要性的认识，能够激发他们进行体育锻炼的主观能动性，激发健康向上的活力，提高整个国家和民族的生命力，推动我国体育教育事业的不断进步。

二、体育教学对体育教师的要求

体育教师是体育教学活动的组织者和指挥者，是体育教学活动的主体，体育教师能力和水平的高低直接关系到体育教学质量的好坏。因此，要想不断提高我国体育教学的质量，首先应该提高我国体育教师的知识水平和能力。经过对体育教学活动的调查和研究可知，体育教学对教师有以下几个方面的要求。

（一）具有丰富的体育教学知识和较高的教学水平

大学生是教学活动的客体，在教学活动中承担着接受者的角色，所以，体育教师的专业知识和教学水平直接影响着大学生的学习效果，影响着教学的质量。为了不断提高我国体育教学的质量，积极响应新课改的要求，要求体育教师具有丰富的专业理论知识和较高的教学活动的组织和策划能力，这样才能从根本上优化体育教学活动。

（二）能够充分调动大学生的学习积极性

体育教学是一门充满活力和创造性的学科，具有很高的灵活性和趣味性，能够帮助大学生在体育锻炼中获得一些必需的知识和技能。虽然体育教学相对于其他学科教学而言具有更多的趣味性，但是很多大学生并不愿意参加体育活动，这主要是因为体育教师在教学过程中没有重视对大学生的引导，没有根据大学生的特点和爱好充分调动大学生的积极性。作为一名体育教师，首先应该具备对教学方法的选择能力，根据大学生的兴趣特点，策划一些有意义的体育活动，逐渐激发大学生对体育运动和学习的兴趣。

三、体育教学研究的目的

体育教学研究的目的主要表现在以下几个方面。

（一）提高我国体育教学理论水平

虽然体育教学在我国已经有一百多年的历史，但是相对于其他学科而言，其起步的时间较晚，再加上受到传统教育观念的影响，许多高校忽略体育教学，导致我国体育教学在理论知识上存在很大的不足。我国的体育教学理论一方面沿袭了传统的体育教学理论，另一方面来自对其他国家的有关体育教学理论的借鉴。但是，随着时代的发展，沿袭而来的体育教学理论已经不适应现在对大学生的体育教学要求；由于所适用的大学生群体不同，借鉴其他国家的体育理论与实际教学存在很大的矛盾。开展体育教学研究，能够在充分了解当前体育教学存在的不足的基础上，对当前体育教学中存在的问题和不足进行深入的分析和研究，找出传统体育教学理论需要补充和修改的理论内容。再根据我国大学生成长的特点，将由国外借鉴而来的体育教学理论与传统体育教学理论进行科学融合，这样才能完善我国的体育教学理论，提高我国体育教学理论水平。

(二)对体育教学进行改革

随着素质教育的不断推行,各类学科都在根据社会的需求进行教学改革,体育教学改革也受到了更多的关注,但是体育教学改革一直面临着理论研究不充分的问题。因此体育教学无法探明改革的方向,也无法把握改革的方法和手段,即使在借鉴外国的改革经验进行改革的时候,也缺乏对中国体育实际教学的可行性研究。由于对体育教学的研究不足,因此体育教学改革无法为体育教学活动带去更多的有利因素,也无法提高体育教学的质量。体育教学研究应结合大学生的特点、社会的需求、社会的发展趋势等进行,奠定体育教学的改革方向,不断优化体育教学方法,并运用假设和实验的方法对所获得的新教学方法进行可行性分析和研究,这样才能针对性地改革体育教学。

(三)提高体育教师能力

随着社会的不断进步,任何学科对教师的能力要求都在不断提高。从教师的职业发展来看,教师是一个需要终身学习的职业,要随着社会的变化不断更新自己的专业知识和技能。目前,教学与研究相结合成为教师提高自身知识水平和教学能力、提高教学质量的必经之路。对于体育教师而言,他们在对体育教学问题的研究过程中,能够发现和学到更多有关体育教学的知识;在不断发现问题和解决问题的过程中,获得有关体育教学的新知识,对体育教学实践的认识也更加全面、深入、客观;在不断研究过程中,还能对所研究的问题进行总结,从而激发其在体育教学方面的创造性。同时体育教学研究能够促进体育教师之间的交流和互动,从而提升体育教师团队的整体水平。

(四)规范体育教学流程

体育教学研究,实际上就是对体育教学过程中涉及的各种教学因素以及教学规律所进行的研究。任何一种教学都是从初步走向成熟,从适应走向规范,再加上体育教学本身相对于其他学科的教学活动而言,具有很多不确定的因素,教学过程难免会受到不确定因素的影响,最终导致教学过程的失败。教学实践和教学过程的规范实际上是相辅相成的关系,教学流程在教学过程中起到指导性的作用,同时教学过程也在实际的进行中影响着教学流程,使其不断完善和规范。开展体育教学研究的根本目的之一,就是通过对教学过程的监督和分析,找出教学流程中导致教学效果不理想的原因,然后对其进行改正和优化,不断地规范体育教学流程。

（五）提升我国体育教学研究团队的整体水平

优秀的体育教学研究团队，需要在不断的研究、突破、创新中得到提高，如果一个团队缺少对本职业的研究队伍，那么不仅这一团队的整体水平下降，同时也失去了竞争力。在改革开放的今天，各国之间的教育、经济等都趋于透明的状态，即使是同一个地区或是同一高校的体育教学之间也存在竞争的关系，如何不断地突破自己，提升整个团队的科研水平，提升体育教学研究者的专业能力，这是每一位体育教学工作者应该面对的问题，也是市场竞争的必然趋势。教育工作者从事体育教学研究，可以在不断的研究过程中，增加自己的专业知识，优化自己的专业技能，同时增强自己在体育教学方面的能力，从而提高我国体育教学研究团队的整体水平，提升我国的体育教学质量。

通过上述对体育教学目的及其研究目的的介绍，我们可以看出，随着体育教学地位的逐渐提高，教学研究已经成为当前体育教学过程中的新课题，也是体育教学工作者必须面对和探讨的课题，无论处在何种地位的体育教学工作者，都应该积极地参与到体育教学研究的工作中去，不断地发现体育教学过程中的问题，创新自己的思路，以保证体育教学质量的不断提高。

第三节　体育教学研究的条件

体育教学研究是一个多因素的、复杂的教育活动，其中有待解决的问题很多。由此可以看出，体育教学研究所需要的条件也有很多，体育教学研究所需要的条件主要有以下几个方面。

一、对教学主体的了解和掌握

大学生是体育教学的参与者，也是教学任务的接受者，没有大学生，体育教学就失去了意义，因此在对教学进行研究的过程中，必不可少的条件之一就是了解大学生。但是，在体育教学研究过程中，除了大学生这一学习主体之外，教师也起到非常重要的作用，因此，除了要充分了解大学生外，还要了解体育教师在教学过程中存在的不足之处以及需要改善的地方，为体育教学研究提供研究基础和材料。

对大学生和体育教师的了解和分析是体育教学研究的对象之一，也是进行体育教学研究过程中其他方面研究必备的条件。体育教学研究过程中对于教学主体的了解和掌握具体包括以下几个方面。

（一）各个年龄阶段大学生的身体发展状况

体育教学同其他学科的教学一样，是一种循序渐进的过程，具有阶段性。因此，在进行体育教学和研究的过程中，首先应该清楚各个阶段大学生的身体和心理的发展状况，这样有助于体育教学研究者制订针对性的研究计划和体育教学改革的策略。

（二）大学生对体育课的兴趣

对任何一门学科而言，兴趣绝对是提高这门学科教学质量的催化剂。调查大学生对体育课的兴趣也是体育教学研究的关键一环，这样能从大学生的角度出发，了解大学生对体育教学的需求，有助于体育教学研究的不断深入。

（三）体育教师的职业特点和能力结构

了解体育教师的职业特点和能力结构，能够掌握我国体育教学过程中对教师能力以及综合素质的要求，明确现实与要求之间的差距。这样才能明确体育教学研究中教师能力提高的方向，优化教师队伍。

（四）体育教师所具备的基本条件

随着新课改要求的不断深入，体育教学逐渐在高校教育中占据越来越重要的地位，也逐渐发挥其自身的重要作用。体育教学是一项较为复杂的实践性教学，因此要求体育教师必须具备专业的体育教学知识和较高的教学能力。研究体育教师所应具备的基本条件，有助于明确体育教师能力研究的范围。

二、明确体育教学研究的思想和目标

体育教学研究是一项有意识、有计划、有组织的研究性活动，一切的体育教学类的研究活动都离不开对体育教学价值的判断和思考。明确体育教学研究的思想和目标，从研究意义上说，实际上就是把握体育教学研究的方向，在研究的过程中极力地发掘任何有利于体育教学发展的体育教学理论和教育方法。体育教学研究的思想是指导体育教学研究者行动的主要依据，缺少体育教学研究的思想就无法顺利实现体育教学研究的目标。特别是在我国激励倡导教学改革的时期，体育教学受传统教学观念的影响，很难突破传统教学模式和教学方法的局限，在这种格局中，只有明确研究目标、坚定研究思想，才能将体育教学研究的目的落到实处，才能不断提高我国体育教学的质量。要明确体育教学研究的思想和目标，需要清楚如下内容。

（一）体育学科的功能与价值

体育学科的功能和价值是确定体育研究目标的前提条件，也是从事体育研究所必须掌握的条件，两者缺一不可。体育学科的功能与价值明确了体育教学在高校教育中的重要作用，为体育教学研究提供目标的参考和研究方向的借鉴。

（二）体育教学研究的指导思想

体育教学之所以能够上升到一门研究性学科的重要地位，主要是因为我国已经认识到体育教学在大学生成长和发展中的重要作用。体育教学研究的指导思想是保证体育教学研究顺利进行的前提条件，因此，只有明确体育教学研究的指导思想，才能保证体育教学研究有条不紊地进行。

（三）体育教学研究的目标

体育教学研究目标是体育教学研究的指导，它为体育教学研究指明了方向，奠定了坚实的基础。只有明确体育教学研究的目标，才能更加清楚体育教学研究的方向，明确体育教学研究的意义，因此，明确体育教学研究的目标是体育教学研究的前提条件之一。

（四）当前体育教学改革的方向

随着素质教育的全面推行，体育教学也被正式纳入新课改的范畴，新课改也因此成为体育教学研究的必经之路。与此同时，在从事体育教学研究的时候，也应该清楚体育教学改革的方向，这也是体育教学研究的方向。因此，明确体育教学改革的方向是开展体育教学研究必备的条件之一。

（五）世界各国体育教学研究的状况

改革开放在促进各国经济交流的同时也促进了各国教育事业的交流，体育教学作为一门学科被正式应用到教学过程之中，最根本的原因就是借鉴其他高校教育的模式。关注世界各国体育教学研究的状况，能为我国的体育教学研究提供更多的方法和内容的借鉴，这对于体育教学研究是有利而无害的。

三、**明确体育教学的过程**

体育教学是体育教育活动的主要表达形式，体育教学也是保证大学生健康成长的主要方法。但是，体育教学与其他学科的教学又有着很大的不同，因此明确体育教学的过程是体育教学研究的重要内容。明确体育教学的过程既是体育教学研究需要掌握的基本理论问题，也是体育教学研究活动顺利进行的前提条件。详细地了解和掌握体育教学的过程，明确体育教学过程中所涉及的一些基本步骤和内容，是正确认识体育教学的本质、特点和教学中所涉及的一系列教学规律的基础。体育教学过程对教育本身而言，是教育目标实现的根本途径，而教育研究的根本目的就是提高教学质量，教学质量的提高体现在教育过程中的每一步。因此，体育教学研究者必须明确体育教学的过程，这样才能保证体育教学研究具有教学针对性，起到实现体育教学质量提升的重要作用。

作为体育教学研究的前提条件之一，对体育教学过程的了解和掌握主要包括以下几个方面。

（一）体育教学过程的特点

体育教学过程的特点是体育教学区别于其他教学的明显特征，也是了解体育教学过程所必须掌握的关键因素。体育教学过程是一个特殊的教学过程，也是一个十分强调实践性的教学过程，并且教学过程中会受到很多不确定因素的干扰。因此，对每一位体育教学研究者而言，要十分明确体育教学过程的特点，这样才能帮助他们更清楚地掌握体育教学的过程。

（二）体育教学设计

体育教学的过程实际上就是体育教师对体育教学进行教学设计的过程，体育教学设计要体现不同阶段大学生的特点，所设计的教学活动也要有利于大学生的成长和发展。因此，体育教学设计是体育教学过程中的重要环节，是体育教学过程不断优化的有力保障。体育教学研究者应该具备体育教学设计的能力，清楚教学设计的功能和作用，这样才能促进体育教学研究的不断深入。

（三）体育教学过程"三段式"

体育教学"三段式"是一种新的体育教学形式，也是保证体育教学过程顺利进行、保证体育教学质量的主要形式。"三段式"教学过程是指将体育教学过程分为开始、准备和结束三个部分，体育教学研究中对体育教学过程的研究也要依照这三个部分进行，因此，体育教学研究者应该具备对教学过程中"三段式"的理解和运用能力。

（四）体育教学方法

体育教学方法是体育教学过程的重要组成部分，它是衡量体育教学过程是否有利于大学生成长和发展的主要依据。在进行体育教学过程的研究时，应该清楚每一种教学方法，详细地了解每一种教学方法适用的大学生群体以及它们的功能和价值,这样才能对教学方法进行可行性研究。

四、了解体育教学的内容

体育教学是通过教师向大学生传授体育运动这一技术载体而实现的。对于体育教学而言,体育教学活动的运动技术较为丰富多彩,而且每一种体育教学活动均有其特定的功能和作用。因此,体育教学内容也是体育教学研究的方向之一,同时也是体育教学活动的载体,是体育教学能够顺利进行的保证。对体育教学研究而言,只有充分地了解体育教学的内容,才能更清楚地确定体育教学研究的方向。因此,了解体育教学的内容是体育教学研究尤为重要的前提条件之一。

体育教学内容包括很多方面,对于体育教学内容的了解主要包括对体育与健康知识的了解、体育运动文化知识研究、体育教学内容的选择依据研究、体育教科书研究、体育教学计划研究等诸多方面。

(一)体育教学内容的逻辑

体育教学内容较为复杂,这就需要体育教学工作者厘清各教学内容之间的特点和关系,这样才能明确各内容之间的逻辑,便于研究过程中的分类与整合,保证教学研究正常进行。

(二)体育教学内容的选择标准和程序

体育教学内容的选择标准和程序,是体育教学研究中必须明确的问题之一,是进行体育教学内容研究和教学过程研究的前提。如果体育教学内容的选择标准和程序不明确,那么就无法保证体育教学研究的科学性。

(三)对民族传统体育活动的了解

体育来源于生活,每一个地区的传统运动项目都有其背景和意义,但是随着社会的不断发展,一些具有地方特色的传统运动项目逐渐走向消亡。为了地域传统运动项目的继承和发扬,保证该地区的体育教学项目能够凸显地域特色,新课标强调体育教学必须具有当地民族传统特色,这是体育教学研究的任务之一。

五、考量体育教学条件

体育教学具有很强的实践性,因此体育教学离不开良好物质条件的支持,同时对教学环境也有很高的要求,否则就不可能有高质量的体育教学。

在进行体育教学研究的过程中,研究者需要对教学条件进行充分的考量,主要包括了解体育教学的环境和内容,掌握教学场地和器材的现状,清楚体育教学中所需场地和器材的标准,掌握新型运动器材和运动器具的用法和作用等,只有这样,才能保证体育教学研究过程的全面性和科学性。

(一)掌握教学场地和器材的现状

体育教学研究也是对体育教学过程的研究,其根本目的就是不断优化体育教学过程,提高体育教学质量。因此,在对体育教学进行研究的时候,首先要对体育教学的场地和器材现状进行调查,以便更好地掌握体育教学的动态,从而对体育教学开展更为细致的研究。

(二)清楚体育教学中所需场地和器材的标准

每一个阶段的体育教学,其对场地和器材都会有着不同的要求,这是保证体育教学过程正常进行的基础。在体育教学研究过程中,应该清楚体育教学场地和器材的标准,以便研究者根据此标准进行合理的研究,在研究中保证对教学场地和器材的进一步优化。

(三)掌握新型运动器材和运动器具的用法和作用

随着科学技术的不断发展,新型运动器材和运动器具的用法和作用逐渐成为体育教学研究中的重要内容之一,这也是体育教学研究的条件之一。每一种运动器材和运动器具相对应的教学作用和功能以及适用的人群有所不同,为了保证体育教学研究的有效性,并且能够让新型运动器材和运动器具在教学过程中的作用得到充分的发挥,体育教学工作者需要清楚新型运动器材和运动器具的用法和作用。

第四节 体育教学研究的方法

体育教学研究是提高我国体育教学质量的方法之一,再加上目前教育学界对研究型教师的需求,体育教学研究逐渐受到更多人的关注与重视。任何一种研究只有掌握了先进的研究方法,才能保证研究的效果,加之体育教学具有一定的特殊性,因此,在体育教学研究过程中尤其要注重研究方法和手段的选择。

一、问卷调查法

问卷调查法是从事体育教学研究以及其他学科的教学研究时常用的一种方法，它是由体育教学研究者在对研究目的进行认真分析的基础上，按照体育教学的特点和要求设计一些具有针对性的问题，然后确定调查对象群体，借助这些问题向调查群体了解更多有关体育教学中的详细情况，或者征询一些意见。体育教学研究者在具备体育教学研究所需条件的情况下，第一步就是设计调查问卷，选择调查对象，然后进行问卷的回收和审查。

（一）调查问卷的一般结构

任何一种调查问卷都是由题目、指导语、具体内容和编号三个主要部分组成的，每一个部分都有其特定的目的和意义，下面对体育调查问卷的三个组成部分进行简单的介绍。

1. 调查问卷的题目

对于调查问卷而言，题目就是调查的主题，从某种意义上而言，它又是体育调查的目的。因此，在设计体育调查问卷题目的时候，其用语和表述的方式不能让调查对象产生反感。

2. 调查问卷的指导语

调查问卷的指导语实际上就是对开展体育调查的目的和调查中有关事项的说明，因此指导语的主要目的就是让调查者更清楚地了解问卷调查的目的和意义，从而引起调查者对调查问卷中题目的重视和兴趣，争取得到调查对象的积极参与和支持。一般而言，体育调查问卷指导语的表达要从被调查者的角度出发，体现被调查者的希望和意愿，同时指导语的内容应该简洁、准确。

3. 调查问卷的具体内容和编号

体育调查问卷的具体内容主要包括体育调查问题的内容、问题编排的次序、希望被调查者回答问题的方式等。编号实际上就是问卷中问题的编号，设计问题的编号主要是为了便于调查问卷中数据的整理和搜集。

（二）调查问卷中问题设计的基本要求

调查问卷的主要内容就是问题，由于体育本身就是一门复杂性的学科，为了保证体育调查问卷更符合体育教学研究的需要，在进行问题设计的时候应该满足以下基本要求。

1. 保证调查问卷中的问题符合客观的实际情况

由于体育教学具有很强的实践性，因此在设计体育调查问卷的问题时，要保证所提出的问题符合体育教学的客观实际。新课标的实施，加大了不同地区和高校在体育教学方面的差异，因此，在设计体育调查问卷的问题时，要从实际情况出发，对调查对象进行分析和了解。

2. 问题必须清楚且明确

在设计调查问卷的问题时，要避免设计一些模棱两可的问题，这样会干扰被调查者的思绪，不利于调查的顺利进行。因此，要多设计一些客观实际的问题，以便被调查者做出回答和选择。

3. 问题必须围绕调查目的

体育调查问卷原本就是体育教学研究者根据研究的目的所制定的，是为了更好地为体育教学研究服务的，因此所设计的问题应该紧紧围绕问卷调查的目的进行。

4. 问题必须与被调查者有关

被调查者是体育问卷调查的最终执行者，研究者根据他们填写的问卷，获取一些有益于教学研究的知识和信息，以便体育教学研究能够继续深入地开展。因此，调查问卷的题目设计要与被调查者有关。

5. 调查问卷的长度要适当

体育调查问卷的长度要适当，如果问卷设计的题目过多、过长，就会引起被调查者的反感，从而影响他们在填写调查问卷时的积极性。如果问卷的长度过短或问题过少，研究者就不能全面地获取所需要了解的信息。

（三）调查问卷的回答方式及其设计

调查问卷的回答方式无非是以下两种。

1. 开放性回答

开放性回答就是某些问题没有特定答案，由被调查者根据自己的理解和内心的想法自由填写。开放性回答的灵活性较大，适应性较强，而且被调查者在回答这类问题的时候不受任何的限制，会拥有更多自由回答和自我表达的机会，同时在回答问题的过程中，被调查者还能获得一些较为丰富的具有较强启发性的材料。开放性回答一般用于预测和估计等探索类问题。

2. 封闭性回答

封闭性回答即研究者在设计这一问题答案的时候，首先应该将有可能作为问题答案的选项详细地列出，供被调查者选择。封闭性回答比较容易，一方面能够为被调查者提供更多参考内容，有利于打开被调查者的思路，为被调查者节约更多的作答时间；另一方面，对于研究者而言，有利于调查问卷的回收和数据的统计分析。封闭性回答的方法主要包括填空式、选择式、表格式等。

为了更好地完善调查问卷，可以将两种问答方式结合起来进行问卷的设计，以适应各种问题，便于研究者对体育教学信息的了解和掌握。

二、教学观察法

教学观察法实际上就是体育教学研究者对体育教学过程中所涉及的一些行为进行观察，在观察的过程中收集研究性资料的方法。教学观察法是体育教学研究运用最多的一种方法。

（一）教学观察法的特点

教学观察法之所以会成为教学研究领域普遍应用的方法，主要是因为其具有以下几个方面的特点。

1. 主观针对性

教学观察法最大的优点就是它具有极强的主观针对性，观察者可以在观察的过程中灵活地选择被观察的对象，这样就能主动地排除一些与研究无关的影响因素，使观察具有针对性。

2. 客观真实性

所谓客观真实性，是指所观察的对象和内容都是客观存在的，具有真实性和可靠性，同时也使得所观察的内容具有科学性。

3. 集体合作性

由于体育教学的特殊性和复杂性，在采用观察法进行研究的时候，往往会比较复杂，这就需要很多人的合作。在观察前期，对参加观察法调查的集体成员进行培训，培养他们的合作意识，这样才能保证调查研究过程中观察的质量。

（二）教学观察法的类型

根据对教学观察法的研究，可以按照观察的方式将其分为临场观察法、实验观察法、追踪观察法等。

1. 临场观察法

临场观察法实际上就是观察者直接处于观察对象所在的现场所进行的一种观察方式。临场观察法能够使观察者及时地掌握观察对象的变化，以便对其做出快速的反应，同时还能够使观察者身临其境地感受观察对象所处的环境，有利于体育教学研究的开展。

2. 实验观察法

实验观察法就是通过观察者的亲身实验而进行的一种观察方法，实际上就是将观察与实验完美结合于一体，使观察者能够及时地测量和观察实验过程中的指标变化，从而获得有关实验的结果，为教学研究提供更多可供参考的研究条件。

3. 追踪观察法

追踪观察法所观察的是一个事物发展变化的过程，所需要花费的时间较长。追踪观察法虽然会花费观察者很多的时间和精力，但是能够使观察者得到更多有关体育教学的实际情况。

（三）教学观察计划的制订

体育教学的观察计划实际上就是确定体育教学观察的步骤、程序的制订与安排，换言之，就是对体育教学观察法实行方案的研究。它在整个体育教学观察法中占据很重要的地位，是从事体育教学研究的工作人员进行观察的依据。教师根据对教学观察计划的研究，将其制订分为以下几步。

1. 明确观察的目标与任务

观察的目标与任务是从事体育教学观察的前提和基础，是观察过程的指导思想，在整个观察过程中起到非常重要的作用。

2. 选择观察的对象和指标

选择观察对象的时候要注意选取一些具有代表性的对象，这样所得到的结果也较有代表性和说服力。确定观察的指标也是观察过程中非常重要的一部分，要注意指标的有效性和客观性。

3. 确定观察的步骤

确定观察的步骤就是梳理观察的操作环节，只有确定观察的步骤才能保证观察的过程井然有序，从而保证观察的科学性和有序性。

三、**教学实验法**

教学实验法是在教学研究的过程中对所确定的研究假说进行可行性验证的方法。因为体育教学是一项对实践性要求极强的教学，因此每一种新的教学理论或是教学方法的推行都应该经过教学实验法的甄选和过滤，确保教学理论和方法的可行性。

（一）教学实验的类型

在对体育教学进行研究的过程中，按照教学实验过程中所涉及的因素，可以将教学实验分为单项实验、综合实验和整体实验三种类型。

1. 单项实验

单项实验实际上是根据实验对象或实验因素而命名的，所以单项实验实际上就是对体育教学研究过程中的一个因素进行操作，以观测其行为效果的实验。在单项实验的操作过程中，实验者能够有效地控制实验变量，把握实验前进的方向。

2. 综合实验

综合实验就是在体育教学研究过程中，对其中有着共同特性或者有着密切联系的内容进行综合研究的一种实验。综合实验一般适用于对有着密切联系的几个因素进行操作，便于对实验进行整体性的控制。

3. 整体实验

整体实验是对体育教学过程中某一个独立的整体结构进行全面的、深入的实验操作。整体实验相对而言是一个规模较大的实验，需要统一地区的体育教学研究者共同参与，并且在实验过程中要兼顾体育教学过程中涉及的诸多因素。

（二）教学实验的基本因素

任何一个完整的教学实验都是由自变量、调节变量、因变量和干扰变量共同组成的，每一种变量都在实验中发挥着重要的作用，应该处理好这几个变量之间的关系，以保证实验的有效性。

1. 自变量

所谓自变量，就是不固定的因素，它会随着外界环境的不同而发生变化。虽然自变量难以有效地加以控制，但是自变量的有效利用能为教学研究带来意想不到的效果，促进教学研究成果的不断优化与完善。

2. 调节变量

调节变量一般也可称为次变量，在实验过程中它会导致自变量发生改变。由于调节变量有助于研究者对自变量效能和性质的研究，促进教学实验的进行，认识和研究调节变量具有重要意义。

3. 因变量

因变量实际上就是自变量的附属体，是在自变量不断变化下产生的一种变量。例如，在体育教学过程中，大学生的发展会导致教学模式的变化。因变量是为了保证自变量更好地发展而存在的。

4. 干扰变量

干扰变量是不利于教学实验研究的变量，其存在会对教学实验产生不同程度的干扰，影响研究者对教学实验的归纳和总结。因此，在教学实验过程中，应该严格地控制干扰变量，以防对教学实验造成不利影响。

（三）教学实验设计

教学实验设计是教学实验的中心环节，也是教学实验过程中最为重要的环节，教学实验设计的好坏直接影响到实验的成果，继而影响整个体育教学研究的效果。因此，在教学实验过程中，要注重对实验设计的掌握，对教学实验而言，其所涉及的实验设计一般包括以下几类。

1. 单组末测实验设计

单组末测实验设计是教学实验过程中经常采用的一种实验设计方案，方法是从所实验的对象中挑选一个班或是一个实验小组，对这个班或实验小组引入一个与体育教学研究有关的变量，在经历了一段时间之后，收集这个班或实验小组的测评结果，然后将这个测评结果与最初的状态相比较，这样就可以进一步证实实验效果的真实性。

2. 单组始末测试实验设计

单组始末测试实验设计能够帮助研究者更清楚地了解小组在实验前后的水平，以确定实验效果的好坏，能够使实验效果更具有说服力。这样的教学设计一般适用于较容易把握的教学变量，但是不适用于一些研究者无法把握的变量。

3. 单组纵贯重复始末实验设计

单组纵贯重复始末实验设计实际上就是通过实验效果的反复对比，确定实验的效果。这样的实验设计十分强调充分对比的周期性，应尽可能地保证实验对象的稳定性。

四、测量法

测量法顾名思义就是利用某种工具或器材进行测量，进而得出测量数据，利用这些测量数据对教学进行把握和研究的方法。下面对测量法进行简单的介绍。

（一）测量的类型

由于体育教学涉及的内容较多，因此体育教育研究中的测量包括物理量的测量和非物理量的测量。所谓物理量的测量，是指利用某种直观的器械进行测量，从而得到具体数据的过程，如大学生的身高、体重、血压等。非物理量的测量是指利用简单的器械无法获得测量的结果，只能借助某种标准进行比较或是统计的测量方法获得，如心理承受能力、社会适应能力、人际交往能力等。

（二）测量的效度和信度

对于任何一种测量而言，测量的准确性和可靠性是保证测量质量的两个基本要素，下面对测量过程中的效度和信度进行基本的分析。

1. 测量的效度

测量的效度是指测量所得到数据的有效性。对任何一项研究而言，测量得到的一定是研究过程中所需要进行分析的数据，是研究的条件和依据。为了保证研究的科学性，就需要保证测量所得数据的效度，主要包括以下几个方面。

（1）内容效度

内容效度指的是测量内容的有效性，主要是表现所要测量内容的特征。例如，要测量一个年级大学生的体能特点，那么所应该测量的对象和内容就应该是大学生的体能，这就是内容的效度。

（2）结构效度

结构效度是达成所测量内容的一种方法和构想，就是检验测量数据是否真正关系到所要研究问题的理论构思。例如，成绩测量的结构效度，强调以分数来解释测量过程和方法，而不是以大学生的年龄或是体能。

（3）同时效度

同时效度是选用一种已经被认为有效的测量作为标准，在测量的过程中，由测试者根据在新测试和有效测量中分别获得的数据来估计效度的高低。例如，对大学生表现成绩进行测量的时候，由大学生和教师按照拟订好的测试标准进行打分，如果得分结果相差不大，那么就说明这一测试的效度较高。

2. 测量的信度

测量的信度又被称为测量的可靠性，这是对测量结果和过程真实性的评价指标，如果测量的信度较高，那么不仅受到外界干扰的概率较小，同时测量的效度也会较高，能够准确无误地测量出测量对象的特征。测量过程中无关变量对测量结果的影响较小，那么测量的信度就会越高。为了保证测量结果的准确性，通常要对测量信度进行检测，检测的方法一般包括重测法、复份法、分半法和内部一致性法。

（1）重测法

重测法表示测量过程的重复性，为了更好地检测某种测量方法和标准的测量效度，在测试一段时间后，以同样的方法和标准再次进行测试，如此反复，通过两次或是多次测量数据的对比，分析测量信度的高低。

（2）复份法

复份法就是在对统一测试对象进行测试的时候，用两份资料或者试题进行测试，然后计算并分析两种测量所得数据的关系。这样一方面能够避免重复测试给被测者带来精神上的疲劳，另一方面也能有效地提升测试的效度。

（3）分半法

分半法是在测量的过程中将测试的全部试题分为奇数部分和偶数部分，经过一次测量之后，检测两边分数的关系。分半法较前面两种测试而言较为简单。

（4）内部一致性法

内部一致性法是目前较为流行的且效果较好的一种测量方法，它是指经过对被测试者和测试内容的分析，从测量的构思层次入手，使得测试的项目形成一定的内部结构，并根据内部结构的一致程度判断测试的信度。

（三）测量法的要求

测量法是体育教学研究中较为常见的一种方法，以数据为主导，因此在测量的过程中强调数据的真实性，其要求主要包括以下几个方面。

1. 数量化

教学研究中的测量法与其他方法最本质的区别，就是把所研究事物的某种属性或是特征以数据的形式表现出来，并且用可以比较的数字计算结果。

2. 保证测量的效度和信度

由于测量法主要是靠数据反映，因此，应保证测量的效度和信度，这是衡量测量科学性和有效性与否的关键因素之一，所以对于测试者而言，测试过程中应该尽量排除无关变量的干扰。

3. 采用适宜的数据处理方法

测量得到的数据是测量结果进行参考、比较的依据，因此在测试的过程中，除了要保证测试的效度和信度之外，还要强调数据单位的一致性，并采用适宜的数据处理方法。

第二章　现代高校体育教学内容

21世纪的教育是培养全面发展的"完整人"的教育，随着这种教学理论的不断发展，体育教学在高校教育中的地位也在不断提高。由于体育教学内容是体育教学的载体和依据，因此，在开展体育教学的时候应尤其注重对教学内容的梳理和编排。除此之外，体育教学所涉及的内容素材很多，再加上这些素材主要来自生活、军事、文艺等方面，因此体育内容素材具有多功能性。由于体育教学中涉及的因素较多，所以体育教学又具有复杂性。从对体育教学内容的分析可知，虽然体育教学内容各素材之间缺少逻辑性的联系，但是由于它们均是来自实践的总结和归纳，因此，各素材之间有着自己的层次和类别。

第一节　体育教学内容概述

体育教学内容是体育教学工作者在进行体育教学时的主要参考，因此体育教学内容在体育教学中占据非常重要的地位。再加上体育教学内容所涉及的知识点较为繁杂、宽泛，因此，对于任何一名体育教学工作者而言，体育教学工作必须建立在对体育教学内容充分了解的基础上。

一、体育教学内容的概念

体育教学内容是依据当前国家总的教育方针和社会对体育教学的需求选择出来的，根据对大学生身体条件和高校教学条件的深入分析和研究，在体育教学环境下传授给大学生的一种体育锻炼活动。

体育教学内容是根据体育教学的目标进行选择的，是根据大学生在成长过程中的发展需要以及体育教学过程中必备的教学条件最终整理而成的，并且是根据社会需求的发展而不断变化的。

体育教学内容主要是针对教学对象的大肌肉群的运动进行的，其具有很强的实践性，主要包括身体的锻炼、运动型教学的比赛、运动技能的获取等。

二、体育教学内容与体育运动内容的区别

众所周知，体育教学内容是保证体育教学正常进行的有力保障，但是其与体育运动内容之间却也有着非常细微的差别。作为一名体育教育者或是研究者，清楚地掌握它们之间的差别，有助于不断深入地了解体育教学内容。经过深入的分析和研究，对体育教学内容和体育运动内容之间的区别介绍如下。

（一）服务的目的不同

体育教学内容是以教育为主的，其服务的目的是促进大学生身心健康的发展，其内容偏于理论性，对教学活动具有指导意义。体育运动内容是以提高竞技运动水平、夺取胜利为主的，其服务的目的较偏重于教学内容的娱乐性和竞技性，对教学活动而言具有很强的实践性。

（二）内容的改造要求不同

随着时代的不断进步，体育教学内容需要根据时代的变化和社会的需求不断改变，以保证体育教学内容能够满足社会培养人才的需要。因此需要对体育教学内容进行必要的改造、组织和加工，而体育运动内容不必进行这种改造。

三、体育教学内容的发展

体育教学内容和其他教学内容一样，也是随着社会和教育事业的不断发展而发展的。但是，与其他教学内容相比，体育教学内容的形成和完善还处于发展的阶段。体育教学内容的发展主要来源于以下几个方面。

（一）体操和兵式体操

古代体育的主要形式是兵式体操，由国家的专门机构指导参加训练的士兵进行列队、射击、剑术等战术问题的操练。后来，随着兵式体操训练的不断改进和制度的不断优化，体操最终成为今天体育教学中的内容之一。

（二）竞技类体育运动

我国早期出现的竞技类体育运动有骑技比赛、蹴鞠等，后来，随着人们对这类竞技类体育运动的兴趣不断激增，这类体育运动的发展日趋完善，最终成为一种正规的体育运动。工业革命以后，随着人们生活水平的不断提高，英美的体育

游戏迅速地发展成为一种近代的体育运动,如足球、篮球、棒球等。而后随着不断的殖民扩张,这些体育运动最终传到世界各地并流行起来,迅速地在各国的高校教育中开展。再加上这些体育运动具有很高的娱乐性,因此深受广大大学生的喜爱,最终演变成体育教学活动中的重要内容。

(三)武术和武道

在古代的体育教育中,体育教学多是以武术教育的形式体现的,体育教学内容也大都是一些具有军事针对性的武术内容,这种运动不仅可以强身健体,而且能防身,因此迅速成为当下流行的一种体育教学内容,在社会上展现出独特的魅力,这也构成了"武术"和"武道"的基础。再加上这些运动在对人的精神和意志方面的培养有其他理论知识和教育学科所达不到的作用,因此,这种类型的体育活动深受人们的关注和喜爱。鉴于这种原因,由"武术"和"武道"原型构成的运动项目成为体育教学中的一种正式的教学项目,受到很多国家的关注。

(四)舞蹈与韵律性体操

舞蹈是人类最古老的艺术形式之一,是从古至今人们最喜爱的一种活动。在社会发展的历程中,随处可以见到舞蹈的影子,研究各国文化发展的历史可以发现,舞蹈是世界上很多国家民族文化的重要组成部分,在民族文化的形成、民族之间的交流中占据举足轻重的地位。除了舞蹈之外,韵律性体操也因为很多体育爱好者追求美感和锻炼效果,逐渐登上体育锻炼的舞台。在韵律性体操的基础上又出现了艺术体操、健美操等。传统舞蹈经过不断改进和提升,形成了多样的民族舞蹈、体育舞蹈等。舞蹈和韵律性体操能够陶冶身心,并且在提升机体的美感和节奏感等方面也具有非常重要的作用。因此,舞蹈和韵律性体操逐渐成为体育教学内容的重要组成部分。

研究表明,以上几类体育教学中所涉及的内容在体育教学中所占有的比例不同,并且每个国家在进行体育教学的过程中对其重视的程度也有所不同。

四、体育教学内容的特点

(一)体育教学内容的功能具有多样性

体育教学内容起源不同,又受到所处文化形态的影响,这就决定了体育教学内容具有不同的功能,人们对体育教学内容的判断也必然会受到其传统起源的影响。因此在进行体育教学的时候,要遵循因材施教的原则,这样才能保证体育教学的顺利进行。

（二）体育教学内容的更新速度较快

体育教学本身对实践性要求较高，体育教学中所涉及的因素也非常多，受当前有关体育教学方针的影响，再加上体育教学本身受到地域、经济、政治、文化的影响较大，因此体育教学工作者在进行体育教学时的工作难度较大。要想与时俱进地开展体育教学，就要根据社会的需求不断地更新教学内容。

（三）体育教学内容之间是一种平行的关系

体育教学虽然涉及的内容较多，但是各内容之间并没有太多的联系和牵制，各内容之间是一种平行的关系。如跑步和跳远之间，就是相对平行的两种内容，在教学过程中，两者之间没有太大的联系。

（四）每一种体育教学内容被赋予的教学任务不同

体育教学内容具有很强的时代性，不同时代的人对于体育教学的要求不同，因此，每一种教学内容所承担的教学目标和任务也就不同，如在体育教学中开展各种体育锻炼是为了提升大学生的体育素质，进行比赛是为了培养大学生的团队精神、合作意识等综合素质。因此在进行体育教学或是选择教学内容时，应该仔细地分析教学目标，以便对教学内容进行梳理和选择。

五、体育教学内容与教育内容的共性

体育教学内容是教育内容的一个组成部分，它与教育内容具有一些共性，这些共性主要表现在以下几个方面。

（一）教育性

体育教学内容是对受教育者进行身体健康教育和心理陶冶教育的参考，当体育教学研究者和教学内容组织者将众多的运动项目选为体育教学内容的时候，首先想到的就是这些运动项目本身所具有的教育性。体育教学内容的教育性主要体现在以下几个方面。

1. 有利于大学生身心健康

体育教学是通过指导大学生身体的运动和一些竞技性的小组活动，以促进大学生的身心健康发展而进行的一种教学。体育运动本身就是一种肌肉群的活动，它能够通过身体的锻炼来增强大学生的体质，通过各种小组教学活动和竞技类活动的开展来培养大学生的综合素质。

2. 对大学生成长具有积极的影响

体育教学内容主要是一些具有深刻影响意义的内容，能矫正大学生的心态，培养大学生坚强的意志，影响大学生价值观的形成，对大学生的成长具有积极的影响。

3. 内容的设计具有普遍性

体育教学内容所面对的是教学活动中的全体大学生，因此所选择的教学内容具有普遍性。所谓普遍性就是指教学内容要保证适应大多数人群，这样才能达到教学的统一，有利于教学的开展和进行。

（二）科学性

由于体育教学本身就是一种以高校教育为主要形式进行的有计划、有组织、有目的的教育活动，是以教育和培养大学生的健康发展为主要目的，因此体育教学内容也应该与高校教育范畴中的其他教学内容一样，保证其具有很强的科学性。体育教学内容的科学性表现划分为以下几点。

1. 体育教学具有很强的针对性

体育教学的对象是广大大学生，其目标就是培养社会所需要的身心健康全面发展的人才。再加上体育教学内容是对人类文明的反映和表现，同时体育锻炼的实践性也使得人们不得不重视这一过程，因此体育教学具有很强的针对性。

2. 教学内容符合大学生的需求

在对体育教学内容进行筛选的时候，为了保证体育教学内容能够更好地为大学生服务，体育教学研究者要对教学内容进行反复的筛选，使其能够符合大学生的身体发展需求和社会需求，同时体育教学内容具有很强的指导性，为教学过程提供参考和依据。

3. 遵循体育教学的规律和原则

任何一门学科的教学都要遵循其特定的规律和原则，这是保证教学目标顺利实现的基本条件之一。体育教学牵涉的内容较多，较为复杂，为了保证教学过程能够按照目标的方向进行，在选择教学内容时应该遵循体育教学中特定的科学规律和原则，保证体育教学的科学性。

（三）系统性

体育教学是一门繁杂的学科，不仅所涉及的内容较为繁杂，范围较为宽泛，而且对教学目标的要求也较高。因此，在进行教学内容的梳理时，应该根据知识之间的系统性进行组织和安排。通过对体育教学内容的研究可以发现，体育教学内容的系统性主要表现在以下几个方面。

1. 教学内容本身的系统性

通过以上对体育教学内容的介绍可知,体育教学内容具有很大的复杂性,但是每一个知识内容之间又表现出一定的联系性和逻辑性。如安排低年级的大学生学习体育的时候,首先应该培养大学生的方向意识,先通过"向左转、向右转、立定、向后转"等一些简单指令培养大学生的方向意识,然后对大学生进行各种体育教学内容的训练。由此可知,体育教学内容本身就具有系统性。

2. 体育教学目标的系统性

在体育教学的过程中,需要根据体育教学的特点、大学生的成长特点和教学环境等,深刻地认识体育教学过程和教学内容之间的规律性。必须根据大学生的成长过程系统地、有逻辑性地安排各个高校、各个年级的体育教学内容,并处理好它们之间的相互关系,将体育教学贯穿于教学的始终,这就是体育教学目标的系统性。

六、体育教学内容的特性

体育教学内容除了具有与教育内容的共性之外,还具有很多专属于体育教学的特性,这些特性在体育教学过程中发挥着非常重要的作用,主要表现在以下几个方面。

(一)实践性

众所周知,体育教学内容主要是一些具有教育意义的运动项目,并且需要大学生肢体和大肌肉群的共同作用才能完成,因此,运动实践是体育教学中的一个较为突出的特点。一般学科都是通过教师的课堂讲授,加上听、说、读、写等一系列训练完成教学任务的,而体育教学内容仅仅依靠听、说、读、写这种相对静态的方式是无法保证完成的,需要在特定的场地通过一定的体育运动才能完成。虽然国家规定的体育教学目标中包括对大学生的心理健康的教育,但是这种教育也是通过某种体育活动的开展让大学生体会到的。由此可见,体育教学内容具有实践性的特点。

(二)娱乐性

通过之前对体育教学内容的介绍可知,体育教学内容主要来源于生活、军事和艺术等方面,如武术来源于古代军营;体操、健美操、舞蹈来源于艺术行业;跑步来源于我们的日常生活。适当的运动或者竞赛活动会让参与者获得身心上的放松或者是身体上的改变,如篮球、足球、乒乓球等,这些运动能够丰富大学生的业余生活,促进大学生之间的交流,使大学生在运动中获得快乐,这就是体育教学内容娱乐性的表现。

(三)健身性

体育教学的目的之一就是增强大学生的体质,保证每一位大学生都能拥有健康的体魄。因为体育教学内容有很大一部分是以大肌肉群运动为形式的技能传授与练习,因此,很多能为身体带来动能的体育运动都会增加大学生身体中的运动负荷。再加上大学生正处于身体发育的关键时期,适当的体育运动能够促进他们的身体成长,提高他们的肺活量和身体承重力,不断地激发他们身体内部的潜能,从而达到强身健体的目的。

(四)开放性

体育教学内容和其他学科教学最大的区别就是体育教学内容具有很强的集体性,注重对大学生的人际交流能力、团队合作能力等社会性能力的培养和提升。再加上体育教学内容中所涉及的很多运动项目都是需要小组或者是集体共同完成的,并且需要全体成员充分地发挥自己的作用才能更好地完成,从这一方面来看,其教学内容具有很强的人际交流开放性,有利于大学生人际关系的培养。

第二节 体育教学内容的目标与要求

体育教学的内容来源于人类发展的各个时期,其教学内容的目标和要求都具有很强的时代性。这主要是因为体育教学内容由当地民众的文化水平、地域气候条件、社会政治经济发展状况、生产力水平、科学技术水平等因素决定。

一、传统性体育教学内容的目标和要求

传统性体育教学内容主要是指运用传统的教育方法对大学生进行体育运动技能培训的一种形式,是体育教学内容中一直存在的锻炼项目。虽然体育教学内容随着时代的不断更迭而持续变化,但是传统性体育教学内容因其积极的教育作用仍然在教育界中占据很重要的地位。下面将对一部分传统性体育教学内容的目标和要求进行简单的叙述。

（一）体育保健

体育保健教学内容的目标：通过体育保健基本知识和原理的传授，首先让大学生深刻地认识到体育教学在人的成长过程中的重要作用，学习体育运动对国家、社会的重要作用，从而激发大学生对体育锻炼的使命感，使他们自觉地参加体育锻炼。除此之外，通过体育保健基本知识和原理的学习，大学生能够了解一些体育学习的必要知识，形成对体育教学的正确认识。

体育保健教学内容的要求：体育保健教学内容的编写应该结合当前社会的状况、大学生的实际需求等方面进行，并且精选一些对大学生的实际生活和成长有较重要影响作用的体育运动项目，保证内容的真实性和目的性。同时在对这类内容进行教学的过程中，要结合实际操作进行演示，有益于大学生掌握和接受。

（二）田径运动

田径运动是常见的运动项目，其主要包括跑步、跳高、跳远、投掷等内容。田径运动教学内容的目标：通过这项运动，大学生能够了解田径运动的一般规律和基本知识，清楚地认识到田径运动对他们成长过程中身体素质培养的重要意义，掌握一些田径运动相关的基本原理和方法，掌握一些基本的田径运动技能，通过生活中的不断练习，达到增强大学生体质的目的。

田径运动教学内容的要求：在设计田径运动教学内容的时候，不应该单单从竞技类运动的角度划分、分析田径运动的教学内容和作用，应该从文化、运动特点、技能作用等多方面进行教学内容的设计和组织，这样才能让大学生更科学地掌握田径运动的基本知识，并且将获得的田径运动知识和技能正确地应用到健身实践中去。由于田径运动会使肌体产生一定的负荷，负荷强度太高会对肌体造成一定的损害，强度太低则达不到运动的效果，所以在教学过程中，应该根据大学生的身体特点进行灵活的教学。

（三）体操运动

体操运动是体育教学中的重要组成部分，由于其对人体的平衡和形体的训练有着非常积极的作用，体操这一运动颇受广大大学生的喜爱。体操运动教学内容的目标：第一，在教师的指导下，让大学生充分地了解体操运动文化，了解体操运动对人体健康的作用；第二，让大学生掌握一些基本的体操运动技能和方法，使大学生能够在日常生活中使用体操来锻炼身体；第三，让大学生能够安全地从事体操运动，并且掌握一些体操比赛的基本常识和技巧。

体操运动教学内容的要求：体操不仅能锻炼人体的平衡性、协调性和灵活性，而且能对大学生进行心理方面的积极引导和教育。因此,要从竞技、心理和生理等多视角来对体操教学内容进行分析。在教学内容的编排上要保证一定的层次性,不能总是停留在低水平的层次上。在教学过程中,要根据大学生的身体特点,开展合理的训练,如有些平衡能力较差的大学生,应该对其进行更多有关平衡能力的练习,做到因材施教,这样才能保证教学质量的提高。

(四)球类运动

球类运动是一种常见运动,其主要包括足球、篮球、乒乓球等运动。由于球类运动是一项充满活力和竞技趣味的运动,因此很受当今的大学生喜爱。球类运动教学内容的目标:第一,让大学生充分地了解球类运动的基本概念和球类运动中的一些比赛规则;第二,使大学生能够掌握一些球类运动的技能和技巧,以及参加球类运动比赛的基本技能和常识性知识。

球类运动教学内容的要求:球类运动虽然是一项群众性的运动,但其技巧和方法较为复杂,因此在筛选教学内容的时候不能只对球类的单个技能进行教学,而忽视其与比赛之间的联系,否则就会失去球类运动的基本特性,同时还要注意教学内容选择的顺序性与实战性之间的联系。在教学过程中,要注重对技能的训练和对大学生团队合作精神的培养。

(五)韵律运动

韵律运动其实就是一些类似于舞蹈、健美操、体操等的运动项目,韵律运动与其他运动最大的区别就是将舞蹈与运动相结合,在音乐节奏的作用下,实现了两者的完美结合,因此,韵律运动是当今女性尤其喜爱的一种运动。韵律运动教学内容的目标:使大学生了解韵律运动的基本特征,了解从事这一项运动所应该遵循的基本原则和规律,掌握一些基本的技巧和套路。除此之外,通过此课程的学习,塑造大学生优美的形体。

韵律运动教学内容的要求:因为韵律运动是一项表现运动,同时又是一项塑造形体的运动,不仅涉及音乐、艺术方面的因素,还涉及美学方面的知识,因此,韵律运动教学内容应该从大学生审美观的培养、舞蹈音乐的了解和掌握等方面全面地、多角度地加以考虑。韵律运动教学内容还要强调对大学生创新能力的培养。

(六)民族传统体育

民族传统体育反映一个民族发展的历史,代表着这个民族的精神和文化。通过对民族传统体育的了解和研究,将其教学内容的目标确定如下:第一,借助这些民族传统体育的讲授,让大学生对民族文化有更深的了解;第二,使大学生学到一些民族传统体育的技能，既可以防身又可以继承和弘扬民族文化，如中国武术。

民族传统体育教学内容的要求：在编排内容时，不仅要结合大学生的特点以及现代人的生活方式，而且要强调内容的文化性和实用性，特别是对民族传统体育文化背景和意义的介绍和揣摩。在教学过程中，要注意对大学生兴趣的培养。

二、新兴体育教学内容的目标和要求

随着社会的不断发展，人们生活水平日益提升，科技不断进步，促进了各国政治、经济、文化的迅速创新和发展。在这种社会背景下，新的体育运动项目也逐渐兴起。研究新兴的体育教学内容有助于优化体育教学的结构。通过对体育教学内容的不断研究和分析，将新兴体育教学内容总结如下。

（一）乡土体育

近年来，随着教育改革的不断深入，创新教育内容、不断地对课程资源进行开发引起了广大体育教学研究者的重视，一些具有积极锻炼意义、散发着浓烈的乡土气息的运动项目重新登上体育教育的舞台。这类乡土体育运动的教学目标是：让大学生对民间体育和民俗风情有更深的了解，使大学生掌握一些具有地区特色的民俗体育知识和技能，促进当地传统文化的继承和传播。

乡土体育教学内容的要求：由于这类体育项目来自民间，具有民俗文化的传播作用，因此，要注重其内容的文化性、安全性、锻炼性和规范性，同时剔除一些不利于文化传播或是正能量传播的因素，摒除一些错误的实践。

（二）体适能与身体锻炼

随着社会对大学生的身心健康全面发展要求的不断提高，一些针对性较强的体育锻炼作为培养大学生身体健康的运动被正式带进课堂。这些内容与教师对此运动的实践技能的传授相结合，共同发挥着提高大学生的身体素质和运动素质的作用。体适能与身体锻炼教学内容的目标：体育教师应该通过这一部分教学内容有效地锻炼大学生的身体，让大学生掌握更多实践锻炼和运动的原则和方法，帮助他们更好地提升运动技能。

体适能与身体锻炼教学内容的要求：由于这是对大学生体适能的锻炼，因此要结合大学生身体素质的状况，遵循体育锻炼时的基本规律，要注意锻炼的针对性、科学性和时效性，同时注意内容应该符合国家规定的关于大学生体质健康的实行标准。

（三）新兴体育运动

由于新兴体育运动教学的内容具有时代性，因此教师在教学时要注意对体育教学目标的掌握，现经过分析和研究，将新兴体育教学内容的教育目标总结如下：使大学生掌握一些比较流行的体育运动文化，提高大学生对新兴体育运动教学内容的兴趣，同时提高体育教学在终身教育方面的实用性，从而提高体育教学的质量。

新兴体育运动教学内容的要求：由于是一种新兴的体育教学内容，所以在选用这种教学内容时，首先要保证其符合教学条件的基本要求，其次要注意体育教学内容的文化性、教育性、安全性和实践性，同时注意对教育内容的筛选，杜绝不利于大学生成长的体育内容。

（四）巩固和应用类课程的基本教学内容

巩固和应用类课程的基本教学内容是新课标要求下的一种教学内容，而且是随着活动课程的发展而不断形成的，其教学内容的目标是：通过此类教学内容的学习，巩固大学生有关体育教学的基本知识和技能，并能够将其与运动实践相结合，借此提高大学生的体育锻炼技能以及在参加体育活动方面的常识和能力。

巩固和应用类课程的基本教学内容的要求：在选用教学内容时，应该注意将其与学科内容和体育教学内容完美地融合，同时注意对内容的延展性和应用性的掌握，注意对大学生在体育教学活动中的创新能力和创新意识的培养，使大学生能够进一步拓展所学习到的知识和技术。

三、我国体育教学内容的发展和改革

（一）体育教学内容的发展趋势

体育教学内容都是从人们传统的生活方式和生活习惯中演变而来的，但是由于时代的不同，体育教学内容也产生了不同程度的变化。

1. 正规的体育运动项目迅速兴起

人们对体育教学的认识以及对体育教学的重视程度逐渐提高，随着现代竞技体育运动的不断兴起和普及，其逐渐取代了乡土体育教学内容。

2. 对体育教师的要求较高

虽然随着新课标的推行，体育教学内容的数量正在不断减少，但是随着体育大纲教学目标的强度不断加大，体育教学内容的难度也有所增加。这就要求承担体育教学工作的教师必须由受过专门体育训练的人员担任。

3. 体育教学的娱乐性因素在减少

随着教育事业的不断创新和发展，体育教学也在素质教育的推动下逐渐发挥了其重要作用。目前，体育教学成为社会培养全面发展人才、培养健康体魄大学生的重要途径。在这一背景下，体育教学逐渐淡去了其本身具有的娱乐性，加大了对锻炼性的要求。

4. 运动器材的正规化

体育运动已经作为一种正规的体育教学手段被推上了教育的舞台，并且得到了足够的重视。随着科学技术的不断发展，一些新兴的具有锻炼意义的正规体育器材，也被应用于教学情境中。

（二）体育教学内容的改革

体育教学内容虽然日益正规，却很单调，技术难度在不断加大，但是娱乐性在不断减少，长此以往，大学生会逐渐地降低对体育运动的兴趣，针对这种情况，必须进行以下体育教学内容的改革。

1. 改变体育教学中生硬化的内容

体育教学内容的生硬化将会使体育教学变得枯燥无味，并降低大学生对体育运动的兴趣，不利于教学效果的加强和教学质量的提高。因此，当前应该改变体育教学内容生硬化这一现象，使大学生重新燃起对体育运动的兴趣。

2. 解决体育教学内容与大学生社会体育活动之间的差异

体育教学内容的原型来源于人们的日常生活，也正因如此，使体育教学内容与大学生社会体育活动联系起来，有利于大学生掌握和巩固体育知识和技能。因此，应该改变体育教学内容与大学生社会体育活动之间的差异，推进体育教学的群众性和实践性。

3. 提高大学生的体育兴趣

兴趣是促进大学生更好学习的催化剂，但是随着近几年来体育教学内容去娱乐性的特点，很多大学生觉得目前较为正规的体育教学变得枯燥无味，逐渐对体育学习失去了兴趣。这对于体育教学而言是非常不利的，因此，教学内容应该重视其娱乐性，提高大学生对体育学习的兴趣。

4. 多增加一些具有民族性的体育内容

体育教学内容中应该多增加一些具有民族性的体育教学内容，提高大学生对民族文化的认识，促进民族体育文化的传播。

第三节 体育教学内容的分类和层次

一、体育教学内容分类的重要性

对内容进行层次和分类研究的主要目的是对这些内容进行整合和归类,据此加深人们对此内容的认识。对体育教学内容的层次和分类进行研究的目的,也是为了在体育教学的过程中,便于体育教师对教学内容的梳理和讲授,建立更加清晰的体育教学内容体系,保证体育教学内容与体育目标之间的联系更加紧密,也便于体育教学工作者对体育教学过程进行合理安排。

但是,由于体育教学内容较其他学科的教学内容而言具有很大的特殊性,再加上体育教学内容所涉及的知识较为复杂,因此,体育教学内容的分类一直是困扰体育教学工作者和研究者的主要问题。自从体育教学逐渐成为高校教学内容之一并受到普遍关注以来,体育教学研究者就对体育教学内容进行了很多不同的划分和研究。因此,体育教学内容的划分是一个多角度、较为复杂的工作,这主要还是由体育教学内容的复杂性所决定的,也是由体育教学内容的多功能性、多价值性所决定的。

我国在进行体育课程和教材建设的过程中,很多体育教学研究者遇到了体育教学内容分类上的难题,虽然这是体育教学研究者一直致力研究和解决的问题,但是从目前来看,其结果不容乐观。这也直接影响了我国体育教学的发展和进步。

二、体育教学内容分类的方法和层次

(一)体育教学内容的分类方法具有多样性

体育教学内容的分类具有多样性,这种多样性主要取决于体育教学内容研究者观察审视体育教学内容的角度和方向。因为体育教学内容较为繁多复杂,因此在对其进行分类的时候,要多角度地、全面地对内容进行分类和整理,保证其内容的合理性和科学性。

(二)注意体育教学内容的层次性

为了避免体育教学内容的分类较为繁多,可以先根据其层次的不同进行具有层次性的分类,然后在此基础上对其进行系统的分类,这样的分类方法较为清晰

明了，而且便于教学的开展。例如在进行篮球教学的时候，首先进行运球技术的教授和训练，然后进行传球技术、投球技术的训练，这样有层次的教授和练习有助于大学生对知识和技能的掌握。

三、我国体育教学内容的分类

对于我国体育教学内容的分类，一直以来都是体育教学中的主要难题，分类的科学性与否直接关系到体育教学活动能否顺利开展，关系到体育教学质量的高低。因此，对体育教学内容的分类是体育教学研究中的重点工作。但是，我国体育教学内容的分类还缺乏对理论知识的理解，我国之前对体育教学内容的分类并没有具体指明所建立的层次。

（一）交叉综合分类法

我国推行的体育教学内容的分类方法是"交叉综合分类法"，这种分类方法能够使教育工作者多角度、全面地进行体育教学。根据《体育教学大纲》编写者的说明，所谓的"交叉综合分类法"，实际上就是将体育教学内容所涉及的运动实践部分的内容按照运动项目和身体素质两个方面进行分类，将"提高身体素质练习"和"各项运动教学内容"放到一起进行教学。

但是，在"交叉综合分类法"中，将"提高身体素质练习"和"各项运动教学内容"放到一起教学，首先就是违反了"同一划分的根据必须统一"的原则，即在对体育教学内容进行同一划分时必须以统一的标准为依据，而且要保证在此分类基础上所进行的子项分类不相互排斥，而是相互包容，因此，"交叉综合分类法"对于体育教学内容的划分是存在缺陷的。

（二）根据教学目的进行分类的方法

如果利用"根据教学目的进行分类"的方法，首先应该确定体育教学内容分类的上位——以"教学目的进行分类的方法"，在此基础上，再将下位的分类的内容进行稍微改动，就能实现对体育教学内容的科学、正确分类，这样不仅不会造成体育教学内容在分类上的混乱，而且能促进大学生对体育运动技能方法的学习。

通过对体育教学内容的掌握和研究以及对大学生特点、教学特点的研究，将体育教学内容分类的优点总结为以下几个方面。

1. 明确教学的方法和目的

以"教学目的进行教学内容的分类"的方法，结合大学生特点和教学特点进行科学的规定，能够使教学的目的性和教学方法的应用更加明确，为体育教学的开展指明了科学的道路。

2. 保证竞技运动知识和技能的学习

受传统教学模式的影响，即使在对大学生进行体育教学的时候，教师也难以避免地对大学生进行"体育技能竞赛为目的的教学内容的编排"，这样就难以发挥体育教学内容的全面性，难以保证体育教学目标的顺利实现。以"教学目的进行分类"的方法，能够按照大纲要求的目的进行体育教学内容的编排，打破以"竞赛为目的的教材编排体系"，从而使竞技运动知识和技能得到保障。

3. 能够避免内容上的重叠

体育教学内容繁多复杂，在对其进行分类的时候，按照传统的分类方法进行分类，难以避免地会造成内容的重叠或是遗漏。采用以"教学目的进行教学内容分类"的方式，对教学内容首先进行简单的层次分类，然后再根据每个层次内容属性的不同进行具体的分类，这样一方面便于内容的整理，另一方面也利于教学工作的进行。

4. 对体育教学的指导性增强

体育教学内容是进行教学实践的指导和基础。"教学的指导性"同时也是进行教学内容编写的要求。如何对体育教材进行分类并不是简单的教学问题，它是以科学的理论为依据，需要对教学过程提供指导的。因此，对教学内容的合理分类能使教学目标与内容之间形成良好的对接，从而增强体育教学的指导性。

四、体育教学内容分类的注意事项

对体育进行教学内容分类的目的就是对内容进行科学的整理，使内容与教学目标之间形成无缝对接，完成教学目标、方法等的相互贯通，向体育教师更清晰地传达体育教学课程和教学内容的目的，从而指导体育教学的进行。由此可见，体育教学内容的分类和整理在教学过程中占据着非常重要的作用。

（一）教学内容的分类要服从教学目标

体育教学内容的分类并不是一成不变的，而是要根据社会和国家的教育方针和教育目标的要求不断变化，而教学目标是随着时代的变化和人们需求的不同而逐渐变化的，所以固定的体育教学内容的分类也是不存在的。因此，体育教学内容的研究者和教材的编写者在对体育教学内容进行分类的时候，要不断地更新自己的时代观念，关注社会体育教学目标的变化，使教学内容的分类更好地服从教学目标。

（二）教学内容的分类要具有科学性

体育教学内容的分类是体育教学过程的指导依据，是实现体育教学目标的根本保障。因此对体育教学内容进行分类的时候，要保证其符合教学大纲的根本要求和原则，同时要有科学的观念，这样才能保证体育教学内容的分类能够更好地指导体育教学过程的顺利进行。

（三）教学内容的分类要具有阶段性

体育教学贯穿高校教育的始终，但是个体的成长具有阶段性，不同年龄段的大学生对知识和技能的接受能力不同，加之体育教学大纲对各个年龄段大学生的教学要求和目标是不同的，所以在对体育教学内容进行分类的时候，应当具有阶段性，结合大学生身体发育的阶段进行教学内容的编排。

（四）教学内容的分类应为教学实践服务

体育教学对实践性要求较高，实践性是体育教学的一个显著性特征。在进行体育教材分类的时候，首先应该对教材的内容按照其实践性的强弱进行适当的划分。对实践性要求较强的体育教学内容，多安排其实践环节；对实践性要求较弱的内容，根据其性质多安排其理论课程的讲授，这样才能全面掌握教学内容的重难点。

（五）要明确教学内容的选编原则

随着社会对体育教学要求的不断提高，需要通过体育教学研究对体育教学内容进行调整和优化，而为了保证体育教学内容更有利于大学生的成长和发展，首先应该保证体育教学内容的科学性。因此，体育教学研究者首先应该明确体育教学内容的选编原则，这也是进行体育教学研究的必备条件。

（六）掌握和了解体育校本教材

体育校本教材是体育教师在指导大学生进行体育活动时的参考基础，也是教学内容的载体，无论是哪一个层次的体育教学研究，其条件都是建立在对校本教材加以了解的基础上，掌握当前情况下体育教学的基本内容以及编写方案，为研究提供更多的理论基础和现实依据。

（七）研究和了解体育教案

体育教案是体育教师在进行体育教学时的方案和步骤，是体育教学能够顺利进行的前提条件。开展体育教学研究的最终目的就是提高体育教学的质量，其中包括教师的教学方法和策略。对体育教案的研究和了解，能够帮助体育教师认识到体育教学内容研究层次的划分方法和要求。

（八）了解和掌握体育教学条件

体育教学的实践性极强，为了保证体育教学的顺利完成，首先应该保证良好的物质条件和适宜的教学环境。良好的物质条件为体育教学提供了基础，例如，我们在开展体育教学的时候，高校需要提供诸如单杠、双杠、铅球、跳绳等一些能够保证体育运动项目顺利完成的物质条件。如果没有这些物质条件的依托，体育教学就会成为一纸空谈，无法落到实处，无法发挥其重要作用。适宜的教学环境同样也是体育教学的必备条件，大学生只有在适合开展体育教学活动的环境中，才能真正融入体育教学活动；并且适宜的教学环境能够确保大学生在体育教学活动之中的安全，避免不利于大学生安全的事件发生；与此同时，适宜的教学环境能够促进师生之间的交流和互动，促进体育教学质量的提高。因此，在从事体育教学研究的时候，首先应该清楚地了解体育教学条件，只有清楚地掌握体育教学条件，才能在此基础上对所得的教学方案进行可行性研究和分析。

第四节　体育教材化及其内容

任何一个学科都有其教材化的划分，这是高校学科教学的根本特点之一，为了保证体育教学的正常开展，体育教学工作者应该重视对体育教材化的研究，为体育教学过程提供良好的教学素材，保证教学工作的正常进行。

一、体育教材化的概念

体育教材化是依据体育教学的目的和大学生发展的需要，针对体育教学的条件将体育的素材加工成体育教学内容的过程。体育教材化的概念包括以下几层含义。

第一，体育教材化实际上就是将体育教学过程中的素材进行筛选、加工、编排，最终使其成为教学内容的过程，这是体育教材化最本质、最基础的含义。

第二，体育教材化侧重于对体育教学内容的加工和整理，体育教材也是加工的成果。

第三，体育教材化是依据大学生的学习目标，结合大学生的身体发育的特点和认知规律，以为大学生创造有利的教学条件作为前提而加工完成的。

二、体育教材化的意义

纵观我国体育教学的现状以及特点，其涉及的内容非常广泛，它们有的来自人们的日常生活，有的来自传统的习俗，有的来自军队，都是体育教学内容的良好素材。但是这种素材绝不能被简单地认为是体育教学内容。如果我们将体育教材等同于体育教学内容，那么就无法保证教学过程的目标一致性，因为体育教材只是体育教学内容的参考，在教学的过程中，教师还应该根据体育教学的目标以及教学环境进行教学内容的筛选。

体育教材化的意义分为以下几点。

第一，体育教材化是选择体育教学内容的依据和前提条件。在教学内容的选择过程中，可以选择一些与教学目标和大学生的发展需要联系较为密切的知识作为教学内容，这样就可以避免教学内容的繁杂，避免教学内容选择过程中的目的性不强等问题。

第二，体育教材化是对较为宽泛的体育教学内容的加工，这样可以使体育教学内容的选择素材更趋近于教学目标和教学实际，消除体育教学素材与体育教学内容之间的差异，使体育教学内容的选择更具有目标针对性。

第三，体育教材化是对体育教学内容进行不断编排、整理、选择的过程，因此通过体育教材化对教学内容的加工，可以使得所选择的体育教学内容具有整体性和系统性，体育教学工作者在教学过程中也能更好地发挥教学内容的教育作用。

第四，体育教材化能够通过将体育教学内容进行加工和整理，使得原本抽象的教学内容具体化，更容易融入教学活动之中，更容易被大学生接受，从而使得体育教学内容成为教学活动的依据，保证教学能够有条不紊地进行。

三、体育教材化的层次

体育教材化有以下两个基本的层次。

第一，编写体育课程标准和教科书的工作，这是体育教材化的第一个基本层次。体育教科书是体育教学过程的参考依据，任何一门学科的教学都需要教科书的指导。这个层次的工作一般是由国家和地方的教育行政部门完成的，因为这是整个国家和地区的体育教学过程的参照。编写体育课程标准和教科书的工作，主要是根据教学目标和当今环境，进行教材的分类和加工，然后将所得的成果作为体育教学的教科书，供体育教学使用。

第二，依据课程标准和教学大纲以及教学目标，将体育教材变成大学生学习的内容，这个层次的工作一般由高校的体育教研小组担任。体育教材中的有些教学内容只要求大学生了解，有些教学内容需要大学生掌握。因此，高校的体育教研小组需要结合体育教学目标以及不同年级大学生的身心发展的规律和特点，把体育教学内容进行细分和细化，使其在体育教学目标的大前提下，更加符合某一个班级或是某一层次大学生的学习需求。

四、体育教材化的内容

（一）体育教学内容的选择

体育教材化实际上就是对体育教材的整理和加工。所谓的整理和加工就是从宽泛的体育教学素材中选择较符合教学目标、大学生身心发展需要和高校基本条件的内容。由于体育教学内容涉及的范围非常广，因此在进行教学内容的选择时，应该遵守体育教学内容选择的原则和程序。

1. 选择体育教学内容的原则

要选择符合教学发展需要、目标针对性较强的体育教学内容，首先应该清楚选择体育教学内容的原则。选择体育教学内容的原则有以下五条。

（1）统一性原则

体育教学内容最终的服务对象是体育教学目标，因此教学内容与教学目标要统一，实际上就是指所选择的体育教学内容要有其相对应的体育教学目标，如在体育课上，要求大学生进行一些诸如跑步、跳远等体育运动项目，实际上是为了增强大学生的体能；让大学生练习单脚站立，是为了提升大学生的身体平衡能力；要求大学生进行小组赛，是为了培养大学生的团队合作能力等。在选择体育教学内容时，坚持教学内容与教学目标统一性的原则，一方面能够保证所选择的教学内容的科学性、安全性；另一方面，对大学生而言，还具有很强的身体锻炼价值。

（2）科学性原则

体育教学内容选择的科学性原则，实际上就是指所选择的体育教学内容要有利于大学生的身体发展，能够促进大学生身体素质和运动技能的提高，同时所安排教学的内容要在大学生的身体承受范围之内。在进行体育锻炼的过程中，不能出现有损大学生健康的行为，如不根据大学生身体发展的特点而对其实施超负荷的教学任务，导致大学生身体的某项机能受到损害。所以，在对体育教学内容进行选择时，坚持科学性的原则，这主要包括两个方面：第一，能够促进大学生身心健康的发展，有助于增强大学生的身体运动能力；第二，保证教学环境和教学实施条件的安全性。

（3）可行性原则

可行性原则是教学内容选择的基础，是教学过程的基本要求，如果选择的教学内容不具有可行性，那么教学内容的选择就失去了意义。如一个没有足球场地的高校，要加强大学生的足球运动技能的培养，这种教学内容是不具备可行性的，因为场地限制了这项教学内容的顺利开展。可以看出，可行性原则是指所选择的教学内容能够符合地区大部分高校的物质条件和教学能力以及大学生实际情况的需要。再完善的教学内容，如果没有教学场地和各种器材的支持，也不具备任何实用性的意义，都不应该被选中。

（4）趣味性原则

趣味性原则是指选择的教学内容要能激发大学生的兴趣，能使更多的大学生参与其中。例如，很多大学生喜欢上篮球课，这是因为篮球运动是当下最为流行的运动之一，大学生可以借助这项运动充分地展示自己的活力，并能在运动中感受到乐趣。从大学生的角度而言，体育运动带来的乐趣是大学生参加体育教学活动的动机和目的，只有保证教学内容的趣味性，才能提高大学生的参与热情，使大学生能够积极主动地参与到体育教学过程之中，进而提高体育教学的质量。

（5）特色性原则

现在很多的体育教学研究资料显示，将地域特色融入体育教学之中，不仅能够促进体育走进日常生活，同时还能不断开发体育教学的特色，充分地发挥体育教学的创新性，提高人们对体育学习的热情。例如，因为舞龙文化而出名的奉化地区，在进行体育教学内容的选择时，就将舞龙作为教学内容之一，这就大大提升了体育教学的地域特色，以较为贴近大学生生活的教学内容，提升了大学生对体育教学的参与热情。换言之，高校开展体育教学的目的就是提升大学生的体能，因此，在选择教学内容时，也要尽可能地与地域特色相结合，以增加体育教学的实效性。

2. 选择体育教学内容的程序

选择体育教学内容并不是盲目地进行，而是依据一定的程序，这样才能保证所选择体育教学内容的清晰性。在选择体育教学内容时，需要一个可以操作的、优化的操作程序。

（1）确立教学目标

教学目标在教学内容的选择过程中占据着非常重要的地位。在选择体育教学内容时，应该坚持教学内容与教学目标相统一的原则，如果某些教学内容与教学目标不相统一，那么就应该删除，如拳击，因为其对大学生会造成一定的身体伤害，所以不应该置于教学内容之中。

（2）确保健身性和安全性

为了保证体育教学目标的顺利实现，根据教学的目标和需求选择了一些体育教学内容，但是有时这些体育教学内容并不能成为教学的最终内容，因为教学内容除了要符合目标性的原则之外，还要能够符合健身性和安全性的原则，这也是教学内容科学性的基本要求。例如前空翻，虽然这一教学内容符合体育教学目标的要求，但是因为其在教学的过程中存在安全隐患，所以应该删除。

（3）判断教学实践的可行性

对体育教学内容的选择经过以上两个程序之后，接下来就应该判断这一教学内容是否具有实践的可行性。因为如果一种教学内容不具有可行性，那么即使再好也没有任何的意义，如保龄球运动，虽然符合教学目标的健身性和安全性这两个要求，但是几乎所有的高校都不具备开设保龄球教学的条件，所以这一教学内容不具有可行性，不应该出现在课堂教学之中。因此，判断教学内容的可行性与否，是教学内容选择的第三个基本程序。

（4）判断教学内容的趣味性

如果一项体育教学内容不具有趣味性，那么将很难被大学生接受，即使其满足以上三个程序的要求，但是最终也不能保证教学能够顺利开展以及教学目标的实现。如铅球运动，虽然这一教学内容满足以上每一教学程序的要求，但是这一教学过程枯燥无比，无法提升大学生的参与热情。

（5）符合终身体育教学观念

体育教学是终身体育教学和社会体育教学的基础，因此，在体育教学的开展过程中，要重视体育教学内容与社会和地区运动文化之间的关系，尽可能地把体育教学内容与社会和地区体育教学文化相结合，这是体育教学内容选择的第五个程序。如在艳阳高照、气温居高不下的南方开展滑冰运动，一方面不利于教学的开展，另一方面也不利于教学的基本操作，不应该置于教学内容之中。

为了保证体育教学内容的科学性和可操作性，应该按照以上五个程序进行教学内容的选择。

（二）体育教学内容的编辑

体育教学内容的编辑也是体育教学内容选择的环节之一，人们通过对体育教材的研究和分析，将体育教学内容编辑的相关内容整理如下。

1. 体育教学内容的分类

因为体育教学涉及的内容较为宽泛，为了保证教学过程的系统性和整体性，在对体育教学内容进行编辑的时候，应该按照其特点和性质，进行简单分类。

2. 体育教学内容的编辑原则

体育教学内容大多源于人们的日常生活，涉及的内容也较多，因此，体育教学内容的编辑一直都是体育课程和教学理论与实践的难题。通过对体育过程和教学内容的分析，认为体育教学内容的编辑一般应该遵循以下三种原则：一是以学科体系为依据，按照由易到难的层次进行编辑；二是以大学生身心发展的规律为依据进行编辑；三是根据教学的目的进行编辑。

3. 体育教学内容的排列方法

体育教学内容的排列实际上就是按照其编辑的逻辑顺序进行的，因此在内容排列的过程中，所有的内容都应该遵循学科知识特点和大学生的学习逻辑，同时根据每个教学内容的特点，合理安排课时，并按照内容之间的递进关系，安排每一节课的教学内容。

（三）体育教学内容的改造和加工

经过选择和编辑两个步骤后得到的与体育运动有关的知识和内容，都是体育教学的素材，但是要将这些素材直接运用到课堂之中，还需要一个环节的支持，那就是对体育教学内容的加工和改造，这一过程也是体育教材化的过程，最终将体育教学素材转化为体育教材，融入体育课堂之中。

从我国目前的体育教学现状来看，我国在体育教材化方面已经取得了初步的成就。我国体育教材化的方法，主要有以下几种。

1. 动作教育的教材化方法

动作教育是国外的一种体育教育思想和体育教材化的方法论，其特点就是将一些体育竞技类运动按照人体运动所应遵循的原理加以归类，提出针对学生进行的教材设计，如"体操""舞蹈"等。这种教材的趣味性较大，操作较为简单，因此适用于低年级大学生的学习。

2. 游戏化的教材化方法

游戏化的教材化方法，主要用以提升大学生的学习热情，其主要适用于一些比较枯燥和单一的运动,这种运动较难引起大学生的学习兴趣。为了最大限度地激发大学生的学习热情,将这些枯燥和单一的运动通过一些游戏情境串联成游戏,从而提升参加者的兴趣。

3. 理性化的教材化方法

理性化的教材化方法,主要是为了帮助大学生理解一些运动的原理,在教学过程中将"懂与会进行结合"的体育教材化方法。其主要特点就是挖掘体育运动背后的原理和方法,以探究式和启发式的教学为依据,引导大学生进行教学知识的学习。

除了以上三种常用的教材化方法外,我国还有文化化的教材化方法、生活化和实用化的教材化方法、简化的教材化方法和变形的教材化方法等。

(四)体育教学内容的媒介化

因为体育教学内容较注重实践性和科学性,因此体育教学内容的媒介化是体育教材化的最后一项工作。实际上就是将体育教学素材进行选择、编辑、加工之后,最终将其变成嵌入在某种教学媒体之上的教学内容,在教师和大学生之间建立一个知识传播的媒介。

体育教学内容媒介化的载体一般为教科书、多媒体音像教材、多媒体课件、挂图、黑板板书和学习卡片等,通过它们能够直观地将体育教学中相关的知识展现在大学生的面前。

第三章　现代高校体育教学设计

高校体育的科学化教学过程是一个发挥智慧的过程，需要体育教育者在每一个教学过程的环节和细节中投入教学智慧，通过科学化教学设计来促进各项体育教学活动的顺利开展，并能很好地帮助教师完成教学任务、帮助学生完成学习任务，实现教学相长、优化教学效果、提高教学质量。

第一节　体育教学设计概述

一、体育教学设计的概念与特点

（一）体育教学设计的概念

体育教学设计是一种体育教育教学准备工作，是教学执行者和参与者为提高教学质量在教学活动中采取的具体的教学活动方案。体育教学设计者必须根据体育教学自身的特点充分考虑学生特点与情况，结合体育教学的环境和条件，对未来体育教学过程中可能出现的一系列问题进行预测，合理规划师生的教学活动，并制定出相应的计划方案。

在高校体育教学中，科学的体育教学设计有利于促使体育教学理论与教学实践的有机结合，能为教师提供科学合理的体育教学方案指导。

（二）体育教学设计的特点

1. 超前性

体育教学设计是一种教学准备工作，要在真正的体育教学活动开始前进行。因此，整个体育教学设计方案的内容、问题预测、问题解决方案等均具有超前性。

从本质上讲，体育教学设计只是体育教学活动的一种设想和预测，它是对即将进行的体育教学中可能产生的问题进行分析。在进行体育教学之前，体育教师必须设计出这堂课的教学方案,并根据体育教育、教学理论和学生的学习需求针对教学活动中可能发生的问题提出解决方法。体育教学设计方案是对即将开始的体育教学实践活动的一种预先策划,是为了更好地应对和解决体育教学中可能出现的各种问题,因此来说,往往体育教师的教学设计会尽可能地要求考虑到各种教学问题,但是,体育教学设计不可能将体育教学实践中的所有问题都考虑周全。

2. 差异性

正是因为体育教学设计是一种教学提前行为,是一种教学预测与提前规划,可能存在"考虑不周"的情况,再加上体育教学是一种开放性的活动,可能会受到各种因素的影响,因此体育教学设计方案与体育教学实践活动之间可能存在差异。

体育教学设计的差异性特点,使得体育教师在教学过程中要时刻根据具体的教学情况调整教学方案,以适应不断变化的教学要求。

首先,体育教学设计应以体育与健康课程理念为基础,以学生的体育学习需要为基础,应实现对体育教学实践活动的宏观指导,确保体育教学实践活动的整体方向和格调是正确的。

其次,体育教学过程是复杂、多变的,体育教学设计者所设计的体育教学方案应能提纲挈领,能抓住主要矛盾,在教学问题处理上要有多个备选方案并能在教学问题解决预案中留有空间,以便根据实际教学情况不断对教学计划进行调整和弥补。

3. 创造性

体育教学设计的过程是一个解决教学问题的过程,是一个创造性过程。

任何学科的教学过程都涉及各种教学要素,包括主观教学要素和客观教学要素,在教学体系构成中各子要素及其相互之间的关系也会时常发生变化,体育教学也不例外,而且体育教学的教学环境与条件更具开放性,这就使得体育教学过程是一个更具创造性的过程。

体育教学的教学开放性与多变性并非体育学科教学的一个缺点,相反这更加促进了体育教师在体育教学中可拥有更多的教学发挥空间,为教师的体育教学设计提供了一个更开放的创造空间。通过体育教学设计,能提高教师的教学创新能力,同时也能通过体育教学活动组织与实施培养和提高学生的创造力、创新能力。

首先,对于体育教师来说,在体育教学中要具备一定的创新性和创造能力,能创造性地解决体育教学活动中出现的问题。概括来讲,体育教师必须具备一定的文化基础知识和较扎实的专业知识，具备主动适应基础教育的意识与能力，具备创造性的想象力和创造性的思维，如此才能设计出科学有效的体育教学方案。

其次，对于学生来讲，体育教学活动中的体育教学参与过程是不断尝试、探索、发现、解决问题或达成一个新的目标的过程。在整个教学活动参与过程中，学生在教师的体育教学设计方案下进行体育活动知识、技能的学习，并通过个人的努力去完成学习目标，实现对所要求掌握的知识点、技能的理解与掌握，学习目标的达成非常重要，整个学习过程中的学习体验也很重要，这就需要学生在教师的指导下进行有限制性或者无限制性的探索与创新（例如在运动规则要求下进行技战术的创新发挥），以促进学习目标的实现。

二、体育教学设计的背景分析

（一）体育学习需要分析

进行体育教学设计，首先应明确体育学习需要，以便于在体育教学设计过程中做到有的放矢，更有教学针对性。对体育学习需要的教学设计分析的方法与步骤具体如下。

1. 分析方法

目前，针对体育学习需要的分析方法主要有内部参照分析法和外部参照分析法两种方法，教学设计实践中这两种方法通常结合使用。

①内部参照分析法：比较分析体育教学目标与学生体育学习现状，找出差距。

②外部参照分析法：以社会对学生的期望值为标准来衡量学生的学习现状，找出差距。

2. 分析步骤

第一，确定体育教学期望（教学目标），根据体育教学大纲和体育教学类型明确本次教学课的具体教学期望（目标）。

第二，确定体育学习现状。通过观察、测量、评价等方法来确定体育学习者（即学生）的知识、技能，学习态度、技术水平等。

（二）体育学习任务分析

1. 分析方法

针对学习者（学生）的体育学习任务进行分析，常用分析方法如下。

（1）归类分析法

结合体育教学目标对教学内容进行分类，形成有意义的指数结构，提示体育教师在教学中分类、有序、依次指导学生完成学习任务、达成教学目标。

（2）层级分析法

将不同层次的从属体育知识和技能进行分析，帮助教师明确体育学习的内容，使之与实际教学活动安排相符，依次完成教学目标，该方法适用于体育运动项目技能学习。以篮球运的行进间运球三步上篮教学为例，先明确行进间运球三步上篮动作技能的从属能力，再分析该从属能力应具备的下一级能力，层层递进，直到追溯到学生的起点能力，再从起点能力开始展开教学。

（3）信息加工分析法

根据体育教学目的所要求的行为表现，利用流程图来描述目标行为所含有的基本心理过程的分析方法。该分析法对教师的综合教学能力要求较高，适用于技能和态度类学习任务的分析。以篮球长传快攻战术教学为例，分析学生完成战术的各种心理活动与心理能力，将心理过程与能力要求与战术的完成之间的关系用结构图来表示，指导学生的战术技能学习与行为实施。

2. 分析步骤

第一，确定学生起点能力，全面掌握学生学习基础，以此为教学起点，有序安排教学活动，帮助学生稳步、扎实学习与掌握各教学目标。

第二，分析使能目标。学生从起点能力到终点能力（完成学习任务），需要学生的多项知识和技能（子技能）参与，每一个基础教学目标（使能目标）的完成都是为了完成更高一层目标打基础的，以蛙泳教学为例，明确使能目标，有助于教师更好地组织教学活动帮助学生奠定扎实的学习基础。

第三，分析学习任务完成的条件。对学生的学习任务完成的条件进行分析，以便在体育教学中为学生的学习创造良好的教学环境与条件基础，帮助学生更好地完成学习任务。

（三）体育教学内容分析

1. 文化背景分析

体育教学通常被误认为是运动技能的教学，而事实上，体育教学包含了所有跟体育有关的体育文化、精神、素养、能力、品质、规律、技能等的教学，学生对体育运动技能的掌握只是体育教学的一个重要的教学目标之一，但体育教学的目标不仅限于此。通过体育教学应促进学生的身心健康发展，促进学生养成科学的体育观与体育运动锻炼习惯，并养成终身体育的意识与能力。在体育教学开始前，不仅要明确教学知识点（往往以技术掌握为主），也要针对运动技术背后的运动项目的运动文化背景进行分析。

2. 优缺点分析

在正式的体育教学活动开展之前，教师必须对体育教学过程中所使用的体育教材内容进行认真分析，并明确教材内容的优缺点，这里的"体育教学教材内容的优缺点"具体是根据学生对体育教学内容的认可程度、学习难度以及教学内容对促进学生发展的有益性、价值等来进行评价的。应放大体育教学内容有利于学生的体能、技能、智能发展的"点"，并展开教学组织，同时，找出教材的缺点和不足，进一步改进教材、丰富教学内容，优化教学过程。总之，体育教师只有全面了解和掌握教材才能设计出有效的体育教学方案。

3. 功能性分析

在高校体育教学设计中，全面分析体育教材的潜在功能，以及这些功能的运行环境和条件，有助于体育教师更好地把握教学过程。具体来说，教师应注意对体育教材内容的运动参与、运动技能、身体健康、心理健康、社会适应等功能的分析。

4. 适应性分析

教学内容的传授和实施需要一定的教学环境和条件支持，在体育教学设计中，教师应充分考虑教学内容实施的教学环境与条件要求，并提前做好场地、器材的教学准备，以及结合本地区的气候特点、地域特点开展相应的特色体育教学。

5. 时代性分析

高校体育教学的目标是培养适应现代社会发展的高素质优秀人才，在体育教学中，体育教学内容应与当前的时代发展特点、社会对人才的要求特点相适应。通过体育教学提高学生的体质、体能水平、心理水平与社会能力，切实培养出符合社会要求的高素质全面发展人才。

（四）体育学习者（学生）的分析

1. 一般特征分析

（1）生理特点分析

体育教学的身体实践性非常强，不同体育教学内容的学习对学生的身体素质要求不同，在体育教学设计中应关注学生的生理特点，不安排超出学生生理承受范围的教学训练活动。

（2）心理特点分析

体育活动参与是伴随着一定心理活动的身体活动过程，分析与把握体育学习者的心理特点，有助于体育教师组织教学过程，提高教学的质量。具体来说，教师应关注学生在体育教学活动参与中的个性特征、情感、情绪特征、注意力和意志的发展等。

（3）社会特点分析

体育环境为运动者提供了一个良好的社会环境，学习者在体育活动参与中可以体会到不同的社会角色，也正因此，体育学习有助于促进学生的社会化。要实现体育教学对学生的社会发展促进价值，就必须重视学生的社会特点分析，应从人际交往特点、社会行为特点、社会角色意识、团队精神和竞争意识等多方面分析学生的社会特点，以科学设计教学过程，更好地促进学生的社会化。

2. 学习风格分析

（1）信息加工风格

信息加工风格主要分析学生所喜欢的教学方法、教学媒体技术应用、教学模式组织、教学节奏等。

（2）感知感官运用

感知感官运用主要分析学生体育学习中习惯用哪种感官接受知识，如更善于听讲解，还是看示范，或是喜欢通过本体感觉（阻力、助力）学习。

（3）感情需求

感情需求主要分析学生在体育学习中关注的情感点，如更希望获得教师的鼓励与肯定，希望受到同学的认可等。

（4）社会性需求

社会性需求分析学生参与体育活动的社会性动机，是渴望交际还是获得运动成绩、成就，或是受感于体育精神的感染，受体育健康观影响注重终身体育知识与能力的培养。

3. 起点能力分析

（1）学生的身体机能、身体素质、健康状况等。

（2）学生的基础知识及技能。

（3）学生的体育目标知识和技能。

（4）学生的体育学习态度。

第二节 体育教学目标的设计

一、体育教学目标概述

（一）体育教学目标

体育教学目标是由高校体育目标、体育教学总目标、体育教学单元目标、体育教学课时目标组成的，它具有递进关系。

体育教学目标对体育教学过程的设计具有导向性作用，根据教育目标分类的对象和应遵循的原则，可以将教学目标分成认知、情感和动作技能三大领域。

（二）体育教学目标设计

基于对教学目标的认知，教学目标是教学活动主体的活动预期结果，教学目标设计是为了实现教学目标这一结果而对教学活动主体的活动的具体安排。

体育教学目标设计包括以下几方面内容。

第一，教学活动包括教师、学生两个主体，体育教学目标设计包括对达成教师"教的目标"的"教的活动"的设计，也包括对学生达成"学的目标"的"学的活动"的设计。

第二，教学目标设计是对一节课、一单元或者一门课程教学活动的结果的设计。

第三，教学目标设计是对可预期、能切实达成的目标的活动设计，设计应具体、明确，具有可操作性。

二、体育教学目标的科学设计

（一）体育教学目标设计原则

1. 科学性原则

体育教学应遵循体育教学规律，体育教学目标设计也应遵循体育规律、教学规律、体育教学特点等，应建立在科学学科理论基础上进行教学设计。

2. 系统性原则

系统论是教学设计的核心理论基础，体育教学设计过程中，必须重视体育教学系统各子系统的有机结合，以保证体育教学系统的完整性和不断发展完善。

体育教学目标是由若干个具体目标组成的完整系统，具体目标之间纵横有序，层次分明，教学设计中应注意正确处理各教学目标之间的关系，为实现教学总目标服务。

3．准确性原则

体育教学目标的描述应是准确的，应能正确表述目标内容，以免教学设计过程中对教学目标理解有误，导致教学目标实现过程中产生偏差。

4．灵活性原则

体育教学目标的设计只是一种构想，而体育教学实际情况是复杂多变的，体育教学目标具有多元化特点，教学设计者应根据高校体育教学实际情况灵活编制，可以由师生根据体育教学实际情况灵活编制，其内容和水平可以有一定的弹性，留有调控余地。

5．发展性原则

体育教学目标的设计既要着眼于现有教学实际，又要放眼未来，能为学生进入下一阶段的体育学习奠定基础，有利于促进学生的可持续发展。

（二）体育教学目标设计程序

1．分析教学对象

具体应分析体育学习者的学习需要、一般特点、起始能力和学习风格等。找出体育教学中出现的问题以及解决办法，确定学习者现状和目标之间的差距，在教学目标设计中，重视所发现和分析的学习差距的弥补。

2．分析教材内容

分析并确定体育教学内容的范围、深度、特点、功能，并明确各体育教学内容之间的关系，使教材内容更好地为实现教学目标服务。

3．编写教学目标

一个完整的、明确的体育教学目标应包括教学对象、学生的体育行为、确定行为的条件及程度四个部分。

4．明确表述教学目标

教学目标设计者对体育教学目标的表述要尽可能用明确的语言，单元教学目标的陈述要尽可能地详细、具体，通过体育教学目标的设计，使学生明确要学习的内容和应该达到的水平，便于学习者互评和自评。

第三节　体育教学策略的设计

一、体育教学策略概述

（一）教学策略

教学策略有广义和狭义之分。广义的教学策略包括体育教学活动中的所有计划和措施，不仅包括"教"的策略，还包括"学"的策略。狭义的教学策略仅仅是从教师的教学角度出发，是教师的"教"的策略的综合。

在体育教学中，教学策略是体育教师主观教学意图与想当然的教学对策，是从教学理念到教学实践的关键环节。教学策略在教学系统中的地位比较特殊，它不同于教学活动开始前的教学设计或教学方案，而是教学过程中的措施；也不同于教学手段、教学方法，后者更加具体化，教学策略的层级要更高。

（二）教学策略设计

教学策略的设计是体育教学设计的一个重要内容，通过教学策略设计，能为教师创造特殊的教学环境，以更好地促进体育教学活动的开展，有助于帮助教师顺利完成教学任务，收到良好的教学效果。

在高校体育教学中，体育教师对体育教学活动的整体协调对于各项体育教学活动的顺利开展具有非常重要的促进作用，便于教师对体育教学过程进行整体把控，能令体育教学的各个环节都最大限度地发挥教育作用。

二、体育教学策略的科学化设计

（一）体育教学策略设计原则

1. 差异性原则

体育教学策略设计的差异性表现在两个方面。

首先，体育教学策略设计应充分考虑不同学生的个性差异所导致的学习特点对教学策略的不同适应。体育教学策略的设计是面向全体学生的，但是不可否认和忽视的一个问题是，不同的学生之间存在着个性差异。对于学生来说，其在学习过程中所表现出来的身心特点、社会性特点不同，因此，教学过程中，并非每一个学生都适合教师所设计的教学策略，这就使得教师提前设计的体育教学策略与教学实际活动的开展所产生的效果、教学适应性、学生预期反应等会存在一定的偏差。

其次,体育教学策略的差异性还表现在,师生思维的差异。在体育教学实践中经常有这样的教学情况出现,即学生无法严格按照自己的教学安排来进行体育锻炼,学生会疑惑为什么教师要这样安排教学,这实际上是教师思维与学生感知的差异性。在体育教学策略设计中,如果教师能关注到师生之间的思维差异,就有助于师生更好地理解彼此,有助于师生的教学配合,进而可实现良好的教学效果。

现代体育教育提倡"以人为本",这就要求教学策略的设计要"以人为本",重视学生的身心健康发展,在体育教学策略设计过程中应充分考虑不同学生的差异性,通过科学的教学策略设计,灵活多变地组织教学活动,以促进每一个学生在各自的原有基础上均能有所进步与发展。

2. 兴趣性原则

高校体育教学中,体育教师对教学策略的设计应为教学目标的实现服务。要促进体育教学目标的实现,就必须设计能有效激发学生的学习兴趣和积极性的教学策略,使学生产生学习的欲望,增进其体育学习内驱力。

3. 科学性原则

体育教学过程是一个科学的教学过程,体育教学策略的设计必须遵循体育教学规律,体现科学性,具体要求如下。

首先,在体育教学策略设计过程中,应注意体育教学内容的合理组织。教学策略设计的内容应逻辑清晰、层次分明,使高校体育教学内容的层次与学生的学习程序有机结合起来。

其次,体育教学是一个实践性较强的教学过程,在体育教学策略设计过程中,教师应注意学生的身体实践练习,在教学安排上,应能保证学生重复练习,同时,不断关注或定期地练习新学的知识和技能能够促进记忆和迁移,不断提高学生的运动能力。

4. 启发性原则

体育教学策略的设计应明确阐述教学目标,并尽量展示出学生在学习结束后所应产生或完成的行为表现(事例),使学生对需要掌握的知识技能有学习的方向性。

体育教学不仅是运动技能的学习、巩固、迁移、发展,也是体育精神和素养的培育过程，整个体育教学是一个教师引导学生不断超越自我、认知自我、认识他人的过程。为了实现良好的启发性教学效果，真正促进学生的发展，教师就必须从课堂环境、价值认同及行为约束对体育教学进行设计，这是基于运动项目教学又超越运动技能传授的过程。

5. 指导性原则

体育教学策略的设计应具有一定的指导作用，在学生尝试做出所要学习的行为表现时给予指导和提示。但需要特别提出的是，学生具备一定的学习基础后应适当减少这种指导性，避免学生过分依赖教师。

6. 创造性原则

体育教学策略的设计应能为学生的进一步学习创造条件。重视体育教学设计的创新，这不仅能有效地挖掘教学资源和提高教学效率，从而实现体育教学的低耗高效，还可以为学生创新意识和创造能力的发展营造氛围、设计空间。

对于学生来说，在体育学习过程中，新知识的学习需要旧知识做基础，新的学习任务的完成必须建立在掌握和必备一定的知识技能的基础上，教学策略要能使学生在学习中获得成功，从而为学生进一步的学习创造条件。

（二）体育教学策略设计程序

1. 设计体育教学组织形式

体育教学组织形式是教师与学生为实现体育教学目标所采用的各种方式，是实施体育教学活动的关键所在，对体育教学效果有重要的影响。

体育教学组织形式主要包括班级教学组织形式（或称全班教学）、分组教学组织形式、个别教学和复式教学四种。结合教学需要选择其中一种，并就具体组织形式进行教学准备。

2. 设计体育教学手段

体育教学手段设计程序如下。

第一，结合教学实际分析通过哪些教学手段可以达成教学目标。

第二，分析体育教学内容借助于什么体育教学手段，才能完成体育教学任务。

第三，根据教学对象（年龄、心理、体能基础、认知能力等）合理选择和设计教学手段。

第四，还要考虑学生的兴趣习惯及发展需要等因素。

第五，针对高校体育教学实际选择和创造教学手段。

第六，教学中设计和选用教学手段时，不能脱离教学实际，应符合体育教学设计的基本原则。

3. 设计体育教学方法

体育教学方法设计程序如下。

第一，了解相关的体育教育教学规律。

第二，充分考虑具体的教学目标和任务，教材内容的性质和特点，学生情况，教师条件，教学条件等。

第三，分析教材内容及教学媒介。

第四，按照一定程序设计科学、合理、有效的体育教学方法。

第四节　体育教学媒体的设计

一、体育教学媒体概述

（一）教学媒体

教学媒体，也称教育媒体，是教学的辅助性物质基础设施，教学过程中，教学媒体是师生交换信息时承载和传递信息的工具。它主要包含语言、文字、动作示范等视觉要素和记录、储存、再现符号的实体要素，如图片、模型、电视、电影、录像、电脑模拟等都属于教学媒体的范畴。

教学媒体在现代教学中具有非常重要的作用，影响广泛。

第一，影响课程与教学内容及其表现形式。

第二，影响着教师在教学过程中的作用，影响师生关系。

第三，影响着教学方法和教学策略的选用。

第四，影响着教学组织形式。

第五，影响教学的发展，先进、科学的教学媒体可以扩大教学规模，提升教学质量，增进教学效率。

（二）体育教学媒体设计

体育教学容易让人产生体育教学就等于体育运动训练的认识误区。实际上，真正的体育教学必须以科学理论为指导，体育教学包括体育基础理论知识、体育文化知识的教学，这些内容的教学是体育教学中不可缺少的一部分，这些教学内容的开展需要和其他学科一样的教学媒体。

与其他学科的教学一样,体育教学活动中,离开了教学媒体,教师与学生之间的信息交换就会中断,也就无法构成体育教学活动。

现代教学媒体为解决传统教学所存在的一些问题创造了良好的条件,推动了教学理论与实践的发展,增强了现代体育教学的教育功能,但同时也为当前教学实践,尤其是教学物质基础提出了更高的要求,这是在体育教学设计中需要重点考虑的问题。

当前,以信息技术为基础的现代教学媒体,以其前所未有的特点影响着教学实践和教学理论的广度和深度发展。信息技术在体育教学中的应用也极大地促进了现代体育的高效化。

现阶段,随着现代技术的不断发展,在现代体育教学中,技术对教学内容和方法的影响较大,进而会影响到教学设计的最终形成。当前,科技已经在体育教学中大量应用,通过利用多媒体、交互性和对刺激呈现的控制而丰富任务环境,进而对认知能力的很大范围进行研究变得更加切实可行。技术提供的新能力包括了直接跟踪和支撑问题解决技能、把学生解决难题的行动过程可视化、建模和模拟复杂推理任务等。技术也使得对概念组织和学生知识结构等方面进行数据收集,使得学生参与讨论和小组项目表征成为可能。

针对上述这些明显的变化,体育教学已经从传统的课堂教学模式中走出来,信息技术促进了视频课程、网络课程的发展,针对这些新的变化,如果没有一定程度的教学设计,技术不会在本质上自动改进教育。一些最有魅力的技术应用拓展了可以呈现的问题本质和可以被评估的知识和认知进程。

在未来,科学技术在教学中的应用将会更加明显地显现出来,这有助于教学理念在教学实践中更加准确地体现。

二、体育教学媒体的科学化设计

(一)分析教材内容与学生特点

在进行体育教学之前,教师要认真研究教学大纲(课程标准),根据体育教学目标、教学基本要求、教材体系范围与深度,明确体育教材的重点与难点及其前后的联系。此外,教师要全面了解学生的知识基础、身体健康状况、认知能力、运动能力水平等情况。

对体育教材内容和学生特点进行分析,有助于教师明确教材内容的最佳展示方式,明确学生的认知特点,可以据此有针对性地选择相应的教学媒体来更好地展示教学内容、激发学生的不同感官理解与吸收教学内容。

（二）分析教学媒体的类型与特点

不同的教学媒体具有不同的特点，适用于不同的教学内容展示与教学环境创设，在选用设计教学媒体时，应首先分析教学媒体的类型与特点，这样才能做到教学媒体设计得更具针对性。

1. 视听教学媒体

视听教学媒体包括视觉教学媒体和听觉教学媒体两大类，二者充分利用教学活动过程中的师生不同的感官传递教学信息，在教学中各有优势。

2. 多媒体（CAI）教学技术

可演示各类多媒体教学课件，开展计算机辅助教学，播放录像、VCD、DVD等教学视频，具有可嵌入度以及良好的交互性能，能使教师的教学更加形象和生动，故相比于传统的教学形式而言，教学效果良好。

3. 计算机网络教学

网络技术的产生促进了体育教学的虚拟化和多媒体教育网络和课程与教学网络的出现，它集文字、图形、声音、影像等为一体，能将各种不同的媒体信息有机地集成在一起，形成多媒体演播系统，具有良好的交互性能，为学生的虚拟模拟技能练习提供了便利，同时，还有助于教育资源的整合，使全校、全国、全球的教学资源能实现共享，方便学生学习。此类教学有校园网互动教学、网络公开课、慕课、在线教学等。

4. 移动通信教学

基于移动通信技术而开展的教学，有微信公开课，基于小程序的教学等。目前，此类教学媒体在教学实践中还处于尝试阶段，其教学可行性与效果还需要进一步实验论证。

（三）灵活应用各种教学媒体

现代教学媒体种类多样、内容丰富，在体育教学中，教师应在分析与把握不同教学媒体技术的基础上，结合教学实际，灵活运用各种教学媒体和教学媒体组合，以最大限度地发挥各教学媒体的教学信息传播作用，促进师生教学活动的顺利开展，创设良好的教学环境。

（四）教学媒体与教学的整合

体育教学活动是开放性的活动，教学过程受多种内在和外在因素的影响，情境创设是教学设计的最重要内容之一。

不同的教学媒体在教学过程应用中具有不同的特点与优点，在创设学习情境方面具有自己的优势，但如果教学情境的设计过于牵强、泛滥，会令学生感到无趣、无效、虚假、烦琐。因此，教学媒体与体育学科教学的整合，应保证情境创设的真实性和生活化，不能单纯为了追求教学创新而应用不合适的教学媒体。

此外，在体育教学中要充分发挥不同教学媒体的教育功能与作用，必须做到教学媒体与体育教学中的"教"与"学"的活动的有机结合。一方面，教学媒体选用应支持"教"的内容的完全展示，促进教师的讲解、示范和帮助学生理解，另一方面，教学媒体的选择应用应支持"学"的特征，利用CAL、CSCL、在线讨论、在线答疑等，利用必要的学习资源，促进师生、生生交流，通过各种教学工具和学习工具完成知识建构。

第五节　体育教学过程的设计

一、体育教学过程概述

（一）体育教学过程

教学过程，具体来说是教师根据一定社会要求和学生特点，指导学生有目的、有计划地掌握学科知识和技能，实现身心全面发展的过程。

体育教学过程含义如下。

第一，体育教学过程是体育教师的"教"和学生的"学"组成的双边活动过程。

第二，体育教学过程是一个动态过程，体育教学过程会受到各种内在与外在、主观与客观因素的影响。

第三，体育教学过程是师生以身体练习为重要媒介的交往实践过程。

（二）体育教学过程设计

体育教学过程设计就是按照现代系统论的观点，把体育教学各环节的设计进行优化组合，它为最佳体育教学完整方案提供了思路。

在现代体育教学中，一般来说，体育教学设计对教学过程的表述是采用类似于计算机流程图的形式进行的。这种方式能直观展示整个体育课堂活动中各个要素之间的关系、比重；教师可以根据学习者的不同反应做出相应的教学处理，灵活性大，目的性强。

二、体育教学过程的科学化设计

（一）体育教学过程的设计原则

1. 主导性原则

整个体育教学过程中，体育教师起着主导作用。传统的体育教学过程中，体育教师的主要任务是通过讲解传授知识，教师更多地表现为对教学过程的"主宰"。随着现代科学技术在课堂教学中的应用以及课堂教学改革的不断深入，教师的作用除了进行信息编码、讲解内容之外，最关键的是要在课堂教学中起主导作用，"主导"不同于"主宰"，教师在体育教学过程中不是单纯灌输知识，而是重视对学生的正确、合理引导，引导学生掌握知识内容。

2. 主体性原则

学生是体育教学的教学主体，在体育教学中发挥着十分重要的作用。对于体育教学来说，在教学中应充分尊重学生，结合学生的特点来安排具体的教学内容、教学方法、教学媒体，整个教学过程安排应符合学生的认知规律和学习特征。

在体育教学过程中，教师应注重学生的学习兴趣的激发，通过合理的教学安排充分发挥学生的学习积极性，让他们有更多的课堂参与机会，促进师生有效沟通交流，使他们不仅"学会"，更重要的是"会学"。

3. 规律性原则

体育教学过程设计的规律性原则，简单来说，就是体育教学过程设计应符合体育教学的一般规律。

体育教学，应遵循体育规律、教学规律、学生认知规律等规律，在这些规律科学指导的基础上合理安排教学过程。体育教学中学生作为教学主体，教学过程应尊重学生的学习认知规律，以此为例，学习理论是心理学家探讨学习规律、特征的理论，对教育者了解教学过程中学习者的特点与过程发展具有重要的指导作用。在设计体育教学过程中，只有符合学生特有的认知要求，才能获得有效的教学效果。

4. 方法性原则

体育教学过程设计的方法性原则要求体育教学过程设计应重视体育教学方法的科学安排，关注不同的体育教学方法的选用所可能产生的不同的教学效果。因此在教学过程的设计过程中应有选择地对体育教学方法进行取舍，选取最适合教学内容表达、能更容易被学生接受和激发学生兴趣的教学方法，如此才能充分发挥相应的体育教学方法的教学促进作用，也才能促进各个体育教学活动环节的顺利开展，实现良好的体育教学效果。

此外，设计体育教学过程，应考虑整个教学系统构成，应该结合体育学科特点和学习内容、教学目标、学生的特点及选用媒体的特点选择相应体育教学方法。

5. 媒体优化原则

体育消息媒体合理、科学应用对体育教学过程的顺利开展和良好体育教学效果的实现具有非常重要的作用，是体育教学中非常明确的一点，体育教师在设计教学的过程中，应注意体育教学媒体的使用及其优化。

在现代化体育教学实践中，任何一种体育教学媒体都不足以支撑整个体育教学过程，体育教学媒体的运用要考虑各种媒体的优化组合。不同的体育教学媒体在体育教学中发挥着不同的作用，彼此之间可实现功能互补，就像人体各部分器官虽然分工明确，各司其职，同时又是为一个整体服务，教学媒体系统功能的充分发挥也是通过多种媒体组合后形成的优化结构来实现的。在体育教学过程设计中，应灵活运用各教学媒体，使各教学媒体各施所长，互为补充，相辅相成，共同促进整个体育教学过程的优化，促使教师和学生都能顺利完成"教"的任务和"学"的任务。

（二）体育教学过程设计的表现形式

目前在体育教学中，对体育教学过程的设计主要有以下三种表现形式。

1. 练习型

整个体育教学过程以学生的身体练习为主。教学中，运用教师示范和教学媒体的内容展示，为学生提供运动动作的路线、结构、动作要领等，帮助学生理解具体的技术动作，并通过真实的学生身体练习，发现问题，纠正，再练习，最后对学生的动作技术掌握进行评价并指出改进意见和建议。

2. 示范型

示范教学法同样是以身体活动为主要形式的教学过程设计与组织，在运动类的体育教材内容中，示范是体育教学过程设计的必要手段和重要途径。

与重在"练习"的教学过程不同的是，示范型体育教学过程设计在"示范"上花费的时间和精力是非常多的，这种教学过程设计通常用于复杂的体育运动技能的学习的前一次课中。

3. 探究型

探究型主要适用于在体育教学中组织学生观察、思考，探究原因、寻找规律等，如某次体育教学课的主要教学任务是某一动作技能的结构或原理的认知、理解、掌握，通过对教学过程中的"探究"设计，可有效激发学生学习的主动性，培养学生发现问题、探究问题、解决问题的能力。

第四章 现代高校体育教学思想观念改革与发展

第一节 我国高校体育教学思想的演变

一、中华人民共和国成立初期的体育教学思想

中华人民共和国成立初期，百废待兴，我国的经济基础还非常薄弱，在这样的背景下，"全民皆兵"成为发展国民经济和保家卫国的重要国策。这一时期，高校体育教育的基本目标就是培养身体强健的社会主义建设者。在这一时期，高校体育教育包含了军事思想和军事技能的教育内容，使得体育教学内容变得异常丰富。另外，一些军事体育教育内容也弥补了教学环境的不足。总之，中华人民共和国成立初期，军事教育成为高校体育教育的重要内容。这一时期，无论是从体育教育思想还是从教学内容等方面都形成了当时鲜明的特色，是符合当时社会发展条件及高校教育状况的产物。

二、竞技体育思想的形成

对于高校体育教育来说，也延续了中学体育教学的思想与内容，竞技体育的特色被继续保留，很多情况下人们只要听到"体育"两个字就会立刻想到竞技体育，由此可知竞技体育思想占据的重要位置。在我国体育教育持续发展的过程中，竞技体育确实在提高我国国际影响力方面发挥了很大推动作用，推动我国逐步发展成了一个体育大国，同时也为实现体育强国的目标大步向前。

三、深化改革阶段素质教育指导思想的形成

20世纪90年代，我国正处于改革开放迅速发展时期，该时期采取的改革措施与发展措施对我国社会各项事业的发展产生出强大推动力，高校体育教学改革

也是这样。分析这个时期的特点可知，高校体育教学改革的深度在不断加深，先后出现了体育教学、课外体育活动、体育比赛等多种改革模式，这为我国体育教学发展进程注入了强大的推动力。经过多年的不断努力，我国高校体育教学已经大体上产生了以素质教育为重要目标、更加宽泛的体育教学体系。

在体育教学中推行素质教育是我国"德、智、体、美、劳全面发展"的教育方针在新阶段的继承与发展，对于理论层面和实践层面来说，素质教育对我国体育教育的发展产生了深远影响。

四、现代"终身体育""健康第一"指导思想的形成

"健康第一"的教学指导思想获得了体育部门和教师的肯定与支持。例如，教育部制定了《学生体质健康标准》，以此来准确检测和评价学生的体质健康，这在发展学生体质水平方面具有很大的积极作用。此外，对推进和开展素质教育也有重要影响。截至当前，"终身体育""健康第一"的现代体育教学指导思想已经相继确立，逐步发展成为高校体育教学工作的核心纲领。

第二节 现代教育理论对体育教学思想发展的影响

一、建构主义学习理论的概念

人在原先已有的认知结构的基础上，通过学习将外界环境中的信息整合到原有的认知结构中，从而引起自身认知结构的改变，形成一种全新的认知结构，这就是建构主义的过程。人们所具有的已有认知结构是人们进行认知的基础，它作为一种思考和理解方式对人们的认知活动产生着重要影响。在不断吸纳新的外界信息的过程中，人类的认知结构也在不断形成与发展。同化、顺应、平衡是影响人类认知结构的三个重要过程。同化是指在学习的过程中，个体对所输入的刺激进行过滤或对其进行改变的过程。换句话说，同化就是个体感受刺激时，把这些刺激融入到头脑原有的图式中，并尽可能让这些刺激成为其中的组成部分。顺应是指在学习中，个体在利用遇到的、难以用头脑中原有图式来同化新刺激时，会完善并重建头脑中的新刺激，从而更好地适应外界环境。平衡是指个体在学习过程中借助于自我调节来推动自身认知由平衡状态逐步发展并过渡到其他平衡状态。

二、建构主义学习理论的特征

（一）探究性特征

站在探究性层面展开分析，建构主义学习理论的作用尤为突出，对学习过程的起始阶段与末尾阶段都有着深远意义。教师应当努力创设良好的情景，为学生独立探究和独立思考问题提供方便，促使学生成为知识获得过程中的参与者，从而使学生建造一个活的小型藏书库，而直接提供给学生现成知识的做法是不被提倡的。从整体展开分析，学生应当主动探究知识，被动接受知识的情况是不被提倡的。

（二）情境化特征

在传统体育教学过程中，学习的过程往往都会与特定教学情景出现脱离的情况，这种类型的体育教学往往只可以应对考试，但无法把已经掌握的知识运用到复杂的真实情景中并有效解决各种实际问题，最终导致"高分低能"的情况发生。由此可知，建构主义学习不仅把知识表征的多元化问题摆在了重要位置，也要增强各类知识表征间的具体联系，还要把知识表征和多样化情境密切联系起来。

（三）问题导向性特征

建构主义学习理论非常注重学生学习过程中的问题导向性，具有一定的问题导向性特征。这一理论主张学生在学习的过程中提高发现问题与解决问题的主动性，在这一过程中，学生不仅能够积极探索并思考解决问题的各种策略，还能够学习到其所应该掌握的各种知识。对于整个教学过程来说，教师在主动指导与启迪学生对有关问题的探究意识，以此来触发一系列学习活动，学生在整个过程中的学习主动性会有所增强，其独立解决问题的能力也会得到有效培养。

（四）社会性特征

社会性也是建构主义学习理论重要的特征之一。在这一理论指导下，可以根据学生发展的社会源泉、社会文化中介，以及通过心理的处理和加工来促进知识的内化，开发各种借助于现代网络技术和计算机技术为载体的多种学习方法，进一步突出其学习模式的社会性。

需要重申的是，要想提高完成各项教学任务的效率与质量，充分反映社会性学习作用，在学习过程中往往会采取学生、教材、计算机技术等互动的方式来达到对应目标。

三、建构主义学习理论对我国体育教学思想的影响

多项实践证实，建构主义学习理论对我国高校体育课程的改革效果有着重要作用，这种影响在体育课程实践和体育教学思想两个方面反映得尤为突出。

（一）建构主义学习理论对我国体育课程改革的不适应性

建构主义学习理论认为，在体育教学过程中，学生对各种知识的学习并不是被动接受的，而是学生主动吸收与学习的过程。与其他学科不同，以身体练习为手段，以运动技能为教学内容是体育课程的主要特征。在体育教学过程中，各体育运动项目之间是一种并列平等的关系，因此它是不同于由简到繁的逻辑认知的。体育运动的学习过程是对自身身体不断认知的过程，通过对相应技术动作的模仿与重复，从而初步掌握相应的动作技术。分析体育课程教学可知，绝大多数动作技术与技能结构都比较好，因而多数情况下都可以被模仿、被重视。对于动作掌握的粗略阶段来说，如果无法保证动作讲解、动作示范、动作练习等客观呈现的正确性，则学生将无法借助于这些客观呈现来构建出正确的条件反射来，这将不利于学生形成学习动机，有时还会让学生出现本可以避免的运动损伤，最终出现无效化的体育教学。

在我国体育教学改革不断深入的背景下，建构主义学习理论在我国体育教学过程中的重要性越来越显著。但在体育教学实践中，人们对建构主义学习理论形成的错误认知也有很多。有意义地接受学习是一个主动学习的过程，具体是指学生自觉选择、整合、内化教师传授的知识，同时把掌握的新知识增加至已经形成的认知结构中，由此使学生对学习的新知识进行深入的理解与全面掌握。

（二）建构主义学习理论对我国体育课程改革的适应性

建构主义学习理论提出了三方面观点：首先，学生的学习过程并不是教师直接把知识灌输给学生，而是有效激发学生的热情和自觉性，推动学生自觉学习；其次，学习并不是学生独立完成各项任务的过程，而是学生在学习过程中密切协作、密切沟通、构建知识的过程；最后，学习并非学生完全迁移周围世界，而是在联系已经具备的知识经验的基础上探究新知识的过程。这三个观点着重说明了"自主""合作""探究"的重要性。由此可见，站在某种角度来说，我国体育教学过程中推行的自主学习法、合作学习法、探究学习法都把建构主义学习理论当成了重要基础，这表明建构主义学习理论有效拓宽了我国教育工作者研究学习方法的视野。

在我国高校体育教学过程中，学生应正确应用"自主、探究、合作"的学习方式，不断提高自身自主学习的能力，激发创新与探索的潜能，培养团队的协作意识。同时，建构主义学习理论对教师也提出了一定要求，要求教师不应只扮演知识的传授者和引导者，而且还要扮演更加多元化的角色。因此，实施新课程改革的重要环节就是实现教师的专业化发展，并促进教师职业的不断成长，从而适应新课程改革的要求。在改善学生的课堂地位方面，建构主义学习理论起到了极大推动作用。从具体实际来看，阻碍我国基础教育改革的重要因素之一就是学生主体地位的缺失。在这种教学理论的指导下，学习的中心已变为学生，他们从被动的接受者转变为了主动的学习者。在学习中，学生往往会对各个方面的外界信息进行"加工"，然后完成相应意义的主动构建。而要想在体育教学过程中深入挖掘和发挥学生的主体性作用，需要注意以下几个方面问题。

第一，为了更好地实现知识的学习，应用探索法和发现法对知识的意义进行构建。

第二，在意义建构的过程中，学生要对相关的信息资料进行主动的搜集与分析，并根据所要学习的问题提出各种合理的假设，进而验证所提出的假设。

第三，学生要将当前所学内容反映出的事物与自己已经了解和掌握的事物之间建立联系，并对这种联系进行必要的思考。

四、在体育教学中应用建构主义学习理论的要点

（一）建构主义学习理论不是唯一的教学模式

目前，我国体育教学中常用的探究式学习可以说是以建构主义学习理论为基础发展起来的，它可以使学生的积极性得到更为充分的调动，更好地培养学生的创新精神，使学生的实践能力得到提高。而如果学生需要在短时间内掌握很多书本上的知识，则建议教师选用传统的接受学习方式最好。所以说尽管探究式学习方法的教学效果比较理想，但其并不是万能的。在教学实践中，充分适应学生个体的学习方式才是最终效果最为显著的学习方式。倘若在没有准确区别教学内容的情况下采取对应的教学模式，将不利于完成教学目标。在体育教学实践中，教师应当首先对各种教学方式进行优势分析和劣势分析，然后把多种教学方式充分结合到一起加以使用，达到教学方式相互补充的目标。学习者的态度、学习手段、认知基础、学习条件等方面都对学生的学习效果有着决定性影响，同时也是学习有无意义的重要因素。因此，体育教师应当先全面剖析教学过程中的具体情况，

然后再确定出最科学、最合理、最有针对性的教学对策及教学手段。

综上所述，建构主义学习理论在我国体育教学改革中占有着关键地位，对我国形成和发展体育教学思想有着一定指导意义与推动作用。但需要重申的是，由于建构主义学习理论自身并不完善，再加上中西方在社会文化方面有着较大差异，以及体育课程自身独特的学科特点，所以要求我们在体育课程教学中运用建构主义学习理论进行指导教学实践时，既不能盲目地照搬，也不能对其进行全盘否定。世界上不存在完美的理论，每一种理论都有其优势和局限性，有着各自不同的应用领域及应用范围。在应用建构主义学习理论时，应当积极参照并借鉴其他的教育理论与学习理论，同时综合运用这两方面的理论，由此建立并形成与我国体育教学发展情况相吻合的教学思想体系。

（二）情境创设要紧紧围绕目标的达成

在体育教学过程中，建构主义学习理论注重教学情境的创设，并且所创设的问题情境还要具有一定的目的性，通常与日常生活密切相关。从不同的角度出发，所创设出的问题情境也会有一定区别，从而造成教学模式的差异性。在创设相应的问题情境时，有可能会取得成功，而相应地也会出现失败。成功的问题情境创设不仅能够激发学生学习的主动性，还能够使学生深化理解相应的知识，并且在社会生活实践过程中很好地运用所学的知识，这对于提高学生更好地解决问题的能力具有重要促进作用。这些都与我国的体育课程保持一致。

然而，在体育教学实践中，有一大部分体育教学情境并没有把完成目标设定为基础条件，多数情况下会采取徒手形式。分析这些教学情境可以得出，往往存在脱离教学的本质特征、忽略体育教学目标、流于形式、脱离体育教学实际情况、背离建构主义本质等问题。这些问题都说明在借鉴和利用建构主义学习理论时存在完全照搬、断章取义的错误做法，这些做法都是不被提倡的。

（三）对"学生的主体性"与"以学生为中心"进行理性区分

在建构主义学习理论中，把学生在学习过程中的主体性地位摆到了重要位置，这曾经引起了很大争议，争议的焦点为知识是作为主客观的统一，还是彻底实施主观构建。剖析建构主义学习理论可知，建构主义学习理论侧重于把知识完全主观构建，具体包括激进主义与社会建构主义。在体育教学过程中，倘若把这些存在极端缺陷的建构主义学习理论当成体育教学的指导，将会出现把学生主体性地位摆到过高位置的情况，由此会使教师的主导地位被忽略，最终造成体育教学过程中丧失教育的标准。坚持"尊重学生学习的主体性"是以"发挥教师的主导性"为基础的，同时也要严格遵循教育教学的规律。"以学生为中心"有可能会出现教师主导作用丧失的情况，所以教师在教学过程中必须要把握好尺度。

（四）学习动作技能应是主观与客观相统一的过程

根据建构主义学习理论，体育教学的过程就是教师创设特定的教学情境，学生通过自己的探索来获得体育知识和运动技能的意义建构。但在体育教学中，动作技能的学习更多地属于结构良好的领域，学习者可以通过对客观呈现的模仿与再现来进行学习。需要重申的是，模仿示范动作和反复练习都必须要有学生的积极参与，不然将难以达到预期的学习效果。倘若学生处于被动学习的状态，则学习也会以失败告终，所以学习动作技能并非单方面建构主观意义的结果，相反，其是主客观有机统一的过程。

第三节 现代体育教学思想分析

一、"健康第一"教学思想

（一）"健康第一"教学思想的依据

1. 健康教学思想符合世界发展潮流

为了与世界卫生组织提出的健康指导思想维持统一，"健康第一"的体育教学思想在我国也被提出。我国教育部和卫生部首次联合颁发了《高校卫生工作条例》，正式借助法律形式把健康教育纳入到高校教学计划中，为体育教育与健康教育的改革和发展做出很多尝试，打破了以往单一的竞技体育与单方面追求金牌的模式，使得群众性体育活动的领域得以拓展，采取多种方式吸引学生自觉参与体育锻炼以及多种类型的健身活动，密切关注学生的生理健康和心理健康，使得健康教育的发展速度更快、整体发展情况更平衡。第三次全国教育工作会议明确指出，青少年为祖国、为人民服务的基本前提是拥有良好的身体素质。

如今，体育课程深受重视，高校教育的体育教育工作都对此做出了相应调整，不管是哪类高校，都要求高校教育严格遵循"健康第一"教学思想的指导作用，密切分析学生身心健康与世界体育教学的发展走向是否吻合。

2. 健康教学思想适应了社会发展的需求

在社会大力培养和发展人才、社会不断影响人们日常生活的背景下，人们对于健康教育的思考和认识更为深刻,越来越多的人开始密切关注"健康第一"。

一方面,当今社会的持续进步不只是向人们提供了很多便利,对人们的日常生活也产生了潜移默化的影响,当前很多"文明病"对人类的健康都产生了很大侵害,在体力劳动逐年减少和饮食质量逐年提高的双重影响下,包括学生在内的很多群体的体力活动都不断缩减,身体技能呈现出了不断衰退的趋势。另外,在过多摄入动物脂肪、高蛋白、糖类等的情况下,现代文明病出现于很多人身上。因此,重视对学生的体育教学、改善学生体质是一个重要的社会课题。高校要总结经验与教训,全面贯彻党的教育方针,加大高校体育工作的力度,普及全民健身和卫生保健等科普知识,广泛关注学生健康及体育卫生。众多实践证实,学生主动参与体育健身活动不仅能够达到强身健体的目标,还有助于抵御各种疾病,对学生的智力发展也有着积极作用,对国家和广大群众都有积极影响。

另一方面,随着社会科学技术的持续进步,各国之间关于国家综合实力的竞争日趋激烈,但其根本是专门人才的竞争和劳动者素质的竞争,这种情况对我国教育而言是机遇,亦是挑战。我国要想在国家综合实力的竞争中占据优势,就一定要培养出一大批优秀的专门人才。而培养出的专门人才不仅要有正确的政治思想,还要拥有稳固的科学知识基础以及运用能力,还一定要拥有良好的身体素质。

针对以上两个方面,为了更好地促进学生的健康和未来的健康发展,高校在教育过程中应当密切关注学生的生理健康情况和心理健康情况,树立与当今社会要求相吻合的"健康第一"思想。

(二)"健康第一"与体育健康教育

近年来,"健康第一"的教育思想在体育教学中的教学内容安排、教学方法选择、教学评价标准确定等方面得到了进一步贯彻落实,在新时期,"健康第一"于体育健康教育中的贯彻落实应注意以下几个目标的实现。

1. 落实体育健康教育标准

在体育教学的所有环节都应当贯彻并落实健康标准的实施,教师应调整体育教学的各项内容,向学生传授科学的锻炼知识,最终使学生的身体素质得到质的飞跃,使学生终身健康的意识和行为得到升华。同时,体育教学也应当依据新的学生体质健康测试标准,根据本地区气候、资源以及高校自身的教学特点来进行较大程度的调整。应允许学生根据自己的爱好和特点自由选择体育项目,使他们参与到自己真正感兴趣的活动中,从而熟练掌握适合自己的健身方法。不应再强调各项目的达标与否,而应在培养学生的终身锻炼意识方面下功夫。

2. 完善体育与健康教育体系

体育拥有多元教育价值，体育本身就具备十分宽泛的知识面以及深厚的文化底蕴。在体育教学的各个环节，教师应当科学渗透体育人文学、运动人体学、健康教育学等多方面的内容，促使体育锻炼的科学性特征和人文性特征更加显著，激发学生对体育课的兴趣，促使学生自觉探究体育课的深远意义，适当增添保证学生身心健康发展的常识性内容，让学生逐步形成健康的作息习惯和心理状态。

3. 转变体育教学工作重心

在不断变化的社会背景下，体育教学的教育育人作用应当把强身健体当成重要基础，推动学生的体质、心理、社会适应等方面都得到健康发展。

（1）体育教育应当把学生体质健康当成服务目标

在三维的健康观中，体质健康从很早开始就是颇受关注的健康内容。贯彻和落实"健康第一"的指导思想，要求体育教学和健康教育都应当把促使学生身心健康、提高学生身体素质、培养均衡发展人才当成重要目标。运动技术是学生锻炼身体的有效措施，此外，学生还应全面掌握体育和保健方面的知识，形成健康向上的锻炼习惯。

（2）在重视学生体质发展的基础上，重视学生的全面健康发展

当前，必须要贯彻国务院明确阐述的"高校教育要树立健康第一"的指导思想。当前，知识的更新和边缘学科的发展迅速，社会上各种竞争也日趋激烈，而仅仅依靠强壮的身体、优良的体质、丰富的知识是不能适应这种变化的。在这样的时代背景下，国务院适时提出了"健康第一"的指导思想，对高校体育教育提出了更高要求，即培养身体健康、心理稳定、拼搏竞争、团结协作的新型高素质人才。一方面，应关注学生的心理健康。社会主义市场经济的发展带来的竞争机制越来越激烈，来自社会各方面的因素如学习、生活、升学、就业、恋爱、婚姻等对学生的心理来说都是极大的负荷，许多学生都存在着不同程度的心理问题。由此可知，体育教学应当把学生心理健康教育摆到重要位置，促使学生的心理健康水平得到大幅度提升。对于高校体育的组织形式来说，应当与学生的实际需求密切联系在一起，定位体育活动的目标时应保证有针对性，立足于多个方面来评价学生的体育能力，由此使学生的心理素质得到大幅度提升。另一方面，要把提高学生的社会适应能力摆在重要位置。体育是一种特殊的教育形式，在遵守特定规则限制的情况下，开展公平、公正、公开的体育竞赛，对创造和谐的人际关系以及使学生形成顽强的意志品质、集体协作精神、自我心理调节能力都有着很大

的积极影响，也能促使学生形成良好的社会公德和责任感，认真遵循各方面的社会规范，使学生更好地适应社会环境。

（三）"健康第一"教学思想在体育教学中的应用

在现代体育教学中应严格贯彻"健康第一"的指导思想，将它贯穿于体育教学工作的始终，让学生拥有健康的体魄，为终身教育打下基础，这就是21世纪体育教育工作者应当完成的重要任务，也是21世纪高校体育工作者应努力探索的新课题。贯彻"健康第一"教学思想需要达到的要求包括以下几方面。

1. 提高体育教师的综合素质

在体育教育逐步发展的背景下，现代体育教育要求教师不可以只采取以往知识培养的单个教学模式，体育教师还需要具备较高的科研探索水平。针对这两方面要求，体育教师需要掌握科学与人文两方面的基本知识以及基础稳固的体育基本功。

第一，体育教师要熟知信息科学、生命科学、环境科学等基础知识，了解体育教育的人文价值，掌握学生素质发展的规律性，努力提高自身的综合素养。

第二，体育教师还要树立终身学习的思想，适应不断发展与变化着的社会。体育教育也需要与任课教师、学生、家长等有关人员加以合作，以产生协同效应。

第三，体育教师应当不断地积累教学经验，主动参与各类体育科研活动，自觉在体育教学过程中发现问题、探索问题、解决问题，使自己逐步发展成为同时具备探索能力和创造能力的科研型教师。

除此之外，21世纪的体育教学把教师监控教学的能力摆到了重要位置，另外还是体育教育教学活动的核心要素。体育教师对教学的监控能力具体包括对教学活动的决策与设计能力，课堂组织能力和管理能力，以及评估学生知识、技能的能力等。

2. 在体育教育中加强体育、卫生、美育的有机结合

学生在参与体育活动和体育锻炼时，一定要保证摄入身体所必需的营养，养成讲究卫生的良好习惯。所以，应当把身体健康和卫生保健密切联系在一起。对于体育教学来说，高校应当适当增强对学生的营养指导，高效地向学生传授与营养和卫生保健相关的知识。

实践表明，广泛开展群众性的体育活动，可以使校园文化建设丰富多彩，使学生的体育生活充满生机。美育不仅能够陶冶并提高学生的修养，而且有助于开发他们的智力。体育是健与美的有机结合，寓美育于体育之中，可使体育内容与

形式充满美的感受，提高学生对体育的兴趣，提高其运动质量，丰富学生的审美体验、提高学生创造美的能力。

就现阶段来说，高校体育与卫生保健的密切结合已经形成了良好开端，同时也获得了比较满意的效果，但依旧未能形成完善的体系。这就要求紧密结合学生的生长发育与生活实际来开展健康教育，使学生学会自我保护，预防疾病的发生。把学生的青春期教育和心理健康教育作为健康教育的重要内容来抓。加强学生的多元体育教育，应引起体育教学工作者的高度重视。

3. 培养学生的健康意识和行为

在体育教学的各个环节，教师均应采取多种方式把教学活动和学生生活实践联系起来，促使学生逐步形成健康意识并主动做出健康行为，努力让学生把所学知识转变成自觉行为。详细来说，高校和体育教师在培养学生健康意识与行为时，需要高质量地完成以下几方面工作。

第一，结合学生的具体实际，制定适合学生发展的体育教材，组织好学生参加体育运动锻炼。

第二，在上体育课时应注意适量，不应矫枉过正。

第三，在体育课外活动中应加强体育教师的指导力度。

第四，开展多种形式的体育比赛。

第五，有针对性地加强营养学、心理学、保健学、环保学、身心健康等方面的知识教育。

4. 不断提高学生参与体育的能力

在体育教学过程中，教师应当高效地向学生传授健康知识与锻炼手段，把开展体育运动项目与社会体育资源密切联系起来，让学生参与体育的运动水平得到大幅度提升。健康知识与健康手段对所有体育锻炼的参与者都至关重要，传统体育教学中往往存在重视运动技术传授而忽视健康知识传授的问题。学生只有全面掌握了健康知识与锻炼手段之后，才不至于漫无目的地参与体育锻炼活动，才能更加客观地评价自身的实际情况与锻炼效果。

分析传统体育教学可知，高校开展运动项目往往只把场地器材、教师情况、学生情况视为重要考虑内容，而没有对学生所学运动项目在其步入社会后能否继续坚持进行全面的考虑。

现阶段，高校体育教学各项工作的开展应充分立足高校，放眼社会，多开设社会体育设施建设较好的项目，为终身体育的开展创造条件。各项运动项目是参与者参与体育运动的重要媒介，良好的运动技术可以激发学生对运动锻炼的积极性，从而逐步形成良好的运动习惯。所以，在体育教学中坚持以运动技术为主，注重培养学生广泛的体育兴趣，使学生一专多能，同时更加重视健康知识和健身方法的传授，使学生在高校之外也能科学参与体育锻炼。

二、"以人为本"教学思想

（一）"以人为本"思想的内涵

我国现阶段"以人为本"思想得以建立的重要基础是马克思主义和与个体全面发展相关的理论，同时密切联系我国的具体情况，最终产生了科学、完善的教育价值取向。在体育教学中贯彻和落实"以人为本"的教学思想，不仅对我国落实科教兴国战略有着深远意义，还对我国实现民族的伟大复兴有着深远意义。

（二）建立"以人为本"教学思想的重要性

进入21世纪之后，人们对人才是社会发展的核心要素有了越来越深入的认识，我国一定要在实施科教兴国战略的前提条件下持续加深高校教育的改革深度，保证人与社会的全面发展。在现代社会不断发展的背景下，各级高校应积极贯彻落实科学发展观，坚持"以人为本"的教学思想，这是体育课程改革的必然要求。在新的时代背景下，贯彻"以人为本"的教育理念对高校体育教育的发展和青少年的身心健康成长都具有重要的意义。

近年来，在不断加深改革深度和发展深度的背景下，我国高校教育的发展成效十分显著，体育教育同样在积极顺应时代发展的主要趋势，大力更新各项教学观念，采取科学、人性化的教学思想指导体育教学发展提供。学生在终身体育理念的科学引导下，在落实"以人文本"的科学发展观过程中获得了快速发展。

当前，"以人为本"的科学发展观及教育理念对我国体育教学的发展具有重要的指导意义。"以人为本"中的"人"既是个体，又是群体，既具有自然属性，又拥有社会属性。现代体育教学要建立在以人为本的基础上，坚定不移地实施科教兴国战略和人才强国战略，不断满足大众日益增长的教育需要。

（三）"以人为本"教学思想在体育教学中的应用

当前，贯彻落实科学发展观，建构社会主义和谐社会及在教学中贯彻以人为本教学思想是新课程改革的必然要求。与此同时，我国现阶段的体育教学还面临很多需要解决的问题，表现出了许多不足之处。针对各方面的问题，在高校教育中发挥重要作用的体育教育应当在教育目标方面落实以人为本的教育理念，具体应当从以下两个方面着手。

1. 以学生为本

学生是体育教学的主体，其同时以独立生命个体的形式存在着，有资格获得认可与尊重，所以参与体育教学活动的教师应当树立以人为本的观念。在以学生为本的过程中，应当进一步丰富办学资源，尽全力为学生创造有利的学习条件和教学环境，进一步充实教师队伍；本着对学生高度负责的原则，提供充足的教育教学资源，并保证向他们提供其发展所需的知识、技能等教学内容；尊重学生的个体差异，促进学生个性发展；完善培养方案，建构科学的课程体系；重视改变教学方式，增强教学的感染力、吸引力，激发学生的学习动机，调动其学习积极性。体育教学中贯彻以人为本的思想，首先就要关注学生的利益，树立为学生服务的观念，使学生获得全面而又不失个性的发展。

21世纪以来，我国高校教育以惊人的速度不断发展，体育教育也要适应新时代的发展潮流，不断革新观念，以科学的、合理的、人性化的教学思想促进高校体育的发展，让学生在健康第一思想的指导下获得身心的全面健康发展。简单来说，现阶段的体育教育应当把保障学生身心健康当成基本原则和开展多种体育活动的立足点。在体育高校的实际过程中，应采取多种方式提高学生的主体地位，培养学生主动参加体育锻炼的意识。在培养学生主体意识的过程中，要求教育工作者应本着尊重学生、信任学生的原则，促进学生身心的健康发展。具体来说，要做到以下几点。

（1）尊重学生

教师应当树立以学生为中心的教育理念，在教育过程中严格遵循学生的身体发展特征和具体规律，同时对学生的个性特征予以尊重及肯定，贯彻并落实因材施教的原则。

（2）宽容学生

推动学生健康成长是教师所有工作的根本目的，教师要想顺利达到这个目标，就必须对学习中存在问题的学生进行密切关注。学生之间难免会存在差异，所有学生都存在优势和劣势，教师应当正视这种差异，对学生的优势进行积极肯定，对学生的劣势多多包容。针对班级中喜欢捣乱的学生，教师应当集严格管理和适度宽容于一体，在宽容的细节中提出严格要求。参与体育教学的教师必须明确的一点是：体育课上不存在差生。

在具体的教学工作中，教师在管理"后进生"时，更需要付出一定的情感，多下功夫，首先对他们的错误给予宽容与理解，从而使学生的思想负担减轻，使其树立自信，将内在的精神力量激发出来，使其自觉改正错误、实现自我发展，这才是对以人为本的教育思想的真正贯彻落实。

（3）丰富教学形式

在体育教学中应努力彰显学生的主体地位，推动学生成为学习的主人，促使学生将体育学习融入情感和行动两个方面。所以，体育教师应当采取多元化的教学形式，从而科学组织体育教学。现代课堂教学就是教师和学生共同探讨问题的重要阵地，在课堂教学中便于运用多种形式开展教学活动。具体的教学形式有群体训练、小组合作练习、个人自觉练习等，这些都彰显出体育教学中贯彻以人为本理念的情况，有助于激发学生的内在需求，并推动学生的不断进步。

（4）科学评价学生

体育教学评价的全面性很重要，全面评价需遵循"以人为本"的原则，充分重视学生的全面发展，力求通过全面评价充分了解学生对体育学科的态度、参与体育锻炼的情况以及对体育技能的掌握和运用情况，从而有针对性地调整课程教学方案，使学生在现有的基础上实现更大的进步。在体育教学过程中，要注重对学生体育学习情况的评价。一般来说，体育教学评价主要是对学生的平时表现、素质达标、技术技能运用等内容进行评价。然而，由于每个学生的学习能力存在着很多不同，因而出现能力强的学生容易得高分、能力弱的学生付出行动但依旧很难得高分，这种评价将无法客观反映学生的体育锻炼情况，同时也不利于增加学生的学习动力。由此可知，教师选用评价方式时应当密切联系学生的实际情况，从而推动所有学生的健康成长。

（5）建构和谐师生关系

体育教学的基本立足点是关爱学生生命，尊重学生人格和权益。教师对学生之间的差异性应予以认可，对学生的独立性、个体性应予以尊重，与学生建构起平等和谐的师生关系。

具体来说，在体育课堂教学中，教师要善于采用鼓励性的话语来激励学生、安抚学生。鼓励的话语可以给学生带来莫大的安慰与动力，可以使学生变得更勇敢、更自信。这样往往能够取得良好的课堂教学效果。

2. 以教师为本

因为教师的"教"是高校培养学生和推动学生发展的实现手段，所以体育教学中也要以教师为本。高校需要完成的工作包括以下几个方面。

第一，向体育教师提供积极向上的工作环境和工作氛围，针对教师的工作量制定出合理标准，客观评估教师的教学，积极奖励表现突出的教师。

第二，时刻关注教师的发展情况，教师也需要随时代的变化而持续发展。在体育教师管理方面，严禁把防范性和强制性摆在重要位置，应当把人性化贯彻于各个环节，促使体育教师积极履行个人义务并承担相应的责任。

第三，给予体育教师应有的尊重与信任，避免制定过多内容来限制体育教师的自由，避免束缚体育教师的行为。

三、"终身体育"教学思想

（一）"终身体育"教学思想的概念

"终身体育"是指在人的一生中都要进行身体锻炼和接受体育教育与指导，它是终身教育的重要组成部分。具体来说，就是一个人从生命的开始，到生命结束，都要适应环境与个人的需要，进行身体锻炼，以取得生存、生活、学习与工作的物质基础或条件。"终身体育"思想的形成是人类自身和社会发展的必然要求。

在理解"终身体育"时，可以从几个方面进行分析：在时间上，"终身体育"贯穿于人的整个生命过程；在活动内容上，"终身体育"运动项目包括多方面内容，在选择时可以结合自身的兴趣；在人员上，"终身体育"面向的对象是社会上的全体公民，特别是面向全体青少年学生；在教育上，"终身体育"有助于提升全体公民的总体素质，是实现富国强民的重要方式。

"终身体育"是思想意识及行为倾向的有机结合，体育意识是"终身体育"的思想基础。体育意识的强烈程度，直接影响着人们终身体育思想的形成。"终身体育"，强调个体生命整个过程中不同时期的体育，即体育锻炼贯穿于生命的全过程。"终身体育"贯穿于人的一生，对社会而言是全体国民的体育，二者的统一是"终身体育"追求的最高目标。

随着发展时间的增长，"终身体育"思想在体育教育中所占的比重越来越突出，已经逐步发展成为当今十分先进的体育教学思想。"终身体育"思想由存在着相互联系、相互作用的高校体育、社区体育以及家庭体育组成，从而共同影响个体。此外，还要求高校、家庭、社区积极开展各类体育活动，努力增加各类群体参与体育活动的机会。

（二）"终身体育"教学思想的特征

1. 终身性

"终身体育"是先进的教育思想，因为其彻底打破了以往体育教学目标过度重视学习和掌握运动技能的观念，发展并延续了高校体育教育。分析传统体育教学观念可知，其总是把个体接受教育的时间定位于在校期间，把学习及掌握体育理论知识和运动技能设定为体育锻炼的重要内容。然而，"终身体育"是在密切联系个体生长发育、发展以及衰退规律与阶段性特点的基础上组织个体参与身体锻炼，倡导体育锻炼对人们的整个生命历程都有积极作用，因此有必要进行终身参与。

2. 全民性

终身体育锻炼具有全民性的特点，这是指接受"终身体育"的所有人，在对象上，有儿童、青少年、成人和老年人等，在范围上，有高校体育、家庭体育、社会体育等。以"终身体育"为指导开展全民健身运动，其实质是群众体育的进一步普及与发展，以实现广泛普及化。身处当今社会的任何一个人都需要掌握生存的技能，而学会生存不能与体育相脱离。因为生存发展是时代的主流，要生存就必须会学习、运动锻炼及保健，人们要想更好地生活，就应把体育与生活紧密地联系在一起，在参与体育活动中终身受益。

3. 实效性

终身体育锻炼应当确定清晰明了的目标，换句话说，就是体育一定要推动人们实现均衡发展与终身发展。维持并提高人们的生活水平、提高人们的身体素质、延长人们的寿命是"终身体育"的终极目标。

"终身体育"的根本着眼点是更好地适应个体发展与社会发展。广大群众为了提升自身的生活水平，往往会结合自身的情况来选择最佳的体育方式，达到有的放矢的状态，其表现出的针对性特征和实效性特征都十分显著。从整体来看，终身体育锻炼应当设置明确目标，推动学生实现均衡发展与终身发展。

（三）"终身体育"教学思想在体育教学中的应用

1. 培养学生的终身体育意识

"终身体育"教育思想指导下的体育教学不仅是追求学生某一特定的运动技能和运动的熟练程度，而是更为重视学生学会能够分析自身的身体锻炼与综合的运动实践能力，注重对学生的体育爱好和兴趣的重点培养，使学生养成良好的身体锻炼习惯。而在高校开展终身体育教育过程中，就应当致力于提升学生的体育意识，其具体措施如下。

（1）重视体育兴趣引导

心理学的有关理论证明，行为是在认识事物的前提下，在引发动机和兴趣的基础之上产生的。在体育教学中，教师应当指导学生端正体育学习态度，制定适宜的体育目标，逐步形成持久的学习动机，调动学生掌握体育锻炼与卫生保健两方面的知识和技能的积极性。除此之外，体育教师应当密切关注实施理论教学的实际效果，不断增强学生的终身体育意识，顺利实现体育的价值。

（2）重视体育习惯培养

体育教师应当指导与带动学生把体育锻炼习惯延续到校园生活以外，这不但有助于我国全民健身的发展，而且有助于实现"终身体育"的社会价值。

（3）重视体育素质培养

在体育教学过程中，体育教师应当制定使学生终身受益的目标，对每次课以及所有课外活动都要提出有针对性的要求，将健身设定为目标，把素质、技能、知识、能力等方面的教育内容都渗透到培养学生终身体育意识的过程中。

2. 重视学生自我发展与社会需要的结合

"终身体育"着眼于人一生中各个不同的年龄阶段、不同的生活环境、不同的职业特点来选择相应的锻炼方法和内容，进行不同形式的身体锻炼，以保证终身受益。高校体育教学正是为未来扮演不同社会角色的学生提供了一个良好的参与体育的契机，指导其参与体育锻炼，以便进入社会后可以更好地适应社会。因此，"终身体育"不仅要促进学生在高校的发展，还要充分满足社会发展对学生未来的发展需求，这就要求体育教育应重视学生的当前发展和长远发展。

具体来说，在体育教学过程中，应实现学生终身体育发展与社会需求二者的结合，具体应该重点做好以下几方面工作。

第一，明确学生需要与社会需要的彼此地位。这是正确处理高校体育发展与社会需要适配性的关键问题。

第二，明确学生需求和社会需求之间的联系。学生需求是促进高校体育文化发展的重要动力，社会需求是体育运动发展的外在要求。

第三，体育教学应当以学生为主体并努力让学生的学习需求和发展需求都能够获得满足。

第四，对学生发展和社会需要在各个发展阶段的矛盾进行灵活有效性的处理。尽管社会需要和主体需要在终极目标上应当维持统一，但并不是说之前的其他过程就不存在不同之处了，学生的终身体育发展为社会在人才方面的实际需求打下了基本人才素质基础，但高校体育教学涉及方方面面的内容，不可以只把社会需求发展当成服务对象，也需要把"以人为本""健康第一"考虑进来。

第五，重视与培养学生掌握系统的体育基础理论知识、科学的身体锻炼方法，以及检查评定的方法，促使学生形成从事"终身体育"的能力。

第六，校园体育教学应时刻注重对学生的生理、心理、行为模式、思想意识等方面的调查与研究，同时以社会需要为基础，以"是否符合社会发展需要"作为衡量高校体育教学合理与成功的重要评价标准。

3. 拓展和丰富体育教学内容

分析我国当前的高校体育改革目标可知，主要定位于让个体在有限的学生阶段掌握体育基础知识与基本技能，在未来可以独立自觉地继续进行身体锻炼并接受体育教育，密切衔接终身体育。高校体育在现阶段的重要任务是培养并增强学生的"终身体育"观念，在设置体育课程内容时适度增加促使体育教学内容更加多元化的内容，其具体有如下几点。

第一，在体育教学中积极开展学生乐于接受的体育项目。

第二，适当组织各类运动的赛事，如篮球运动赛事、足球运动赛事、健美操运动赛事等。

第三，在体育教学中适当安排耐久跑等锻炼内容，同时结合季节特征来做出对应安排。

第四，指导学生密切关注体育界的最新动态，向学生传授体育竞技规则与裁判的基础知识，详细解说某些大型体育赛事的技巧。

第五，支持学生自行组织比赛，全面培养学生的自我组织能力和参与意识。

第六，体育课内外教学相结合对于终身体育思想的发展也是有积极意义的，高校开设体育选修课可以让学生选择自己感兴趣的体育项目来学习，从而发挥自己的体育特长，养成良好的体育习惯，为终身体育锻炼习惯的形成打下坚实基础。

4. 不断提升教师的综合素质水平

教学是教师最基础与最核心的工作，教师教学能力往往对体育教学质量有着重要影响，所以，体育教师应当借助于多种方式来提升教学能力，由此使其教学质量得到大幅度提升。

第一，教师应树立起重视体育教学的思想和意识，并在教学过程中积极贯彻落实。教育直接关系到民族的兴亡，健康、健美的人才是祖国未来需要的人才。

所以，体育教师需要时刻考虑如何将祖国未来的希望——学生培养成全面发展的新型人才。

第二，在体育课程教学中，针对特殊情况和事先未能考虑到的情况，教师可以对课程进行适度的调整，这是体育课中比较常见的情况。体育教师不应当只是定格于提前设计好的方案上，应当用不断变化的视角来实施课程方案。由此可知，体育教师应当结合实际情况来对做好的课程设计进行合理调整，从而对学生的体育学习与体育锻炼发挥出更大的积极作用。

第三，体育教师应当积极适应时代发展的实际需求，在体育教学过程中积极进行自我更新与自我优化，树立崭新的教育观念，选用切实可行、创新性高的教学手段来开展各项教学活动，将学生参与体育运动的主动性有效激发出来，增加学生参与体育活动的兴趣，使他们在参与过程中形成良好的体育锻炼习惯。

第四节 现代高校体育教学思想的整合、引领与发展

一、体育教学思想的整合与引领

（一）整合中国教育思想对中国体育教学的影响

近代以来，影响我国高校体育与体育教学的国内著名思想家出现了很多，他们都在一定程度上接受过外国教育，所以这些思想家的思想往往是中外文化有机融合的产物。对于他们的教育思想、体育思想的研究很多，但基本上都是零星式的，缺乏一定的系统性，没有形成一套完整的中国式的体育教育思想体系，对我国体育教学改革与实践缺乏一定的指导意义。因此，综合研究、系列研究、比较研究他们的教育思想、体育思想对于当今体育教学的深化改革与发展具有很重要的价值。

（二）整合国外体育教学思想对中国体育教学的影响

从国外教育思想对中国体育教学学科建设的意义视角而言，中国体育教学发展史是移植、吸收、内化国外教育理论，并不断进行中外文化交融，实现中国体育教学学科现代化、科学化的历史。总结与反思近代以来国外教育思想对中国体育教学发展的影响的内容与方法、路径与机制、范围与程度、贡献与局限，有助于我们更深刻地了解中国体育教学现代化演进的脉络，从而为体育教学的未来改

革与发展提供理论基础及历史借鉴。

不可否认的是，引入国外教育理论同时具有积极影响和局限性，积极影响是能够推动我国体育教学的理论发展和实践发展。

因此，在探索我国体育教学思想发展道路的过程中，不可以全面否定或完全照搬国外教育理论，应当对体育教学思想扬长避短地吸收，舍弃不适应我国实际情况的部分，积极吸收合理的内容，从而对我国体育教学理论和体育教学实践的发展发挥出更大的积极作用。

（三）整合中外体育教学思想，构建我国体育教学指导思想

中外历史文化背景不同，中外教育思想和中外体育教学思想也必然存在很多不同，所以，比较与融合中外体育教学思想并筛选出具备指导价值的教学思想并非易事。在整个过程中，要吸收外国优秀的体育教学思想，舍弃外国体育教学思想中的糟粕；要对我国优秀体育教学思想进行梳理与归纳，对中外体育教学思想的共性和差异进行比较，在共性中找出结合点，在差异性中找出具体功能，有机整合中外体育教学思想，为改革及发展我国体育教学贡献应有的力量。

（四）深入研究体育教学"掌握知识与技能""发展身体与心理"的关系

首先，体育教学过程中存在着传授知识与掌握技能之间的矛盾，运动技能的形成具有特定的规律，但是需要传授的运动技术很多。因此，在教学实践中大量存在着低水平重复或者是学而不会的现象，产生这种现象的根本原因是我们进行各类教学设计过程中没有遵循运动技能形成的规律，什么教材在什么年龄阶段出现，需要多少学时的教学，学到什么程度，考评标准是什么等等，都没有考量妥当、合理安置，最终的结果是学了体育十余年，真正掌握的运动技能却"百无一会"。可以全面掌握运动技能的学生并不是在体育课上达到目的的，而是课外在自身兴趣的引领下不断探索、坚持锻炼的结果。由此可知，对知识和运动技能之间的联系进行科学把握，不只是教学实践问题，还是教学思想和教学理念的问题。

其次，体育教学过程中存在着身心发展的矛盾。身心发展观是坚持一元论还是二元论，是一个哲学与世界观的问题。我们在体育教学理论与实践研究中往往会有所偏颇，体质论学派长期坚持身体发展论，认为体育教学的重点应当是发展学生的体质。在现阶段，部分学者在积极倡导体育教学在发展学生心理和学生社会适应能力的具体功能，将学生心理发展摆在体育教学功能的突出位置，这些都不符合合理性要求。就体育教学来说，身心发展是一元的，不管是学生的身体还是学生的心理，都有必要通过传习运动技术来达到全面发展的结果，高校和体育教师应当始终秉承这种思想与理念，才能保证体育教学理论和实践研究始终在正确的道路上发展。

二、现代体育教学思想的发展

（一）现代体育教学思想的发展思路

1. 以"健康第一"为主导思想，强调"终身体育"

21世纪，人类社会已进入到一个以信息数字化为主要特征的高科技经济时代，这极大地影响了人们的工作方式和生活方式。未来社会将是一个高自动化、高效率、直接劳动人数少、劳动强度不断降低、闲暇娱乐时间不断增多的社会。生产方式突变，体力劳动不断减少，人类的体力已不再是生产力的重要衍生因素，必将导致体育需求方式的彻底变革。在这种情况下，社会对体育提出了比"增强体质"更高的要求，不仅是增强体力，而且更为重要的是通过体育运动促进人的身心健康并提高社会适应能力。于是，"健康第一""终身体育"得到了更多的呼吁和认可。

在这种走向的长期作用下，我国高校体育将会一直把"健康第一"设定为主导思想，在努力实现学生身心协调发展的同时，对学生的可持续发展予以高度重视，培养学生的体育兴趣、体育习惯以及体育能力，始终把"终身体育"置于重要位置。这不只是对我国高校体育正面经验和反面经验的归纳与总结，还是在高校体育中践行素质教育、培养全面发展人才的必然要求。此外，还是我国体育思想的一个发展走向。

2. "以人为本"的原则，进一步关注人的全面发展

21世纪是现代化科技与生产力迅猛发展的时代，由于人类是发展的主体与中心，所以人类的全面发展演变成了经济发展与社会发展的终极目标。"以人为本"是现代教育的基本价值观，它把教育和人的幸福、人的自由、人的终极价值联系起来，以人文精神培养现代人，以全面发展的视野培养全面发展的人。新世纪的体育事业将融入"以人为本"的基本发展理念，成为人类社会协调和"可持续发展中的一项重要事业"。高校体育的改革与发展，也必将以科学发展观为指导，"以人为本"将会成为21世纪高校体育发展的主旋律。

在这种理念的作用下，我国高校体育将会对"以人为本"原则进行反复重申，在体育教学中高度重视学生的全面发展，创造民主平等的师生关系，把学生在体

育教学中的自主性置于重要位置，培养学生形成良好个性和健康生活方式，同时密切关注学生的身心健康状况。

3. 立足本国现实，积极吸收国外先进教育思想的理论、经验

我国从近代以来的高校体育思想发展的经验证实，高校体育思想的发展情况与学习其他国家的先进教育思想和先进教育理念存在着密不可分的联系。分析现阶段的高校体育研究可知，其已经不是封闭的、个别地区的或个别国家内部的高校教育，而是国际化的高校教育。与此同时，在教学的国际化教育不断增多的情况下，各个国家的民族性同样有所加强。从根本上说，在频繁多向的国际交往中方可展现各国教育的民族特色，最终充分实现民族性。

由此可知，一个国家的高校体育不只是要面向世界、主动学习其他国家的先进成果，还要以本国的具体国情为立足点，保持本国的优秀传统。我国高校体育思想的发展需要密切联系我国高校体育发展的具体情况，主动借鉴国外先进教育思想和体育教育思想的理论、经验，在积极引进各种现代运动项目作为高校体育教学内容的同时，注重开发本民族传统体育资源，重视民族体育内容和乡土体育内容的开发及利用。

4. 进一步注重高校体育与社会体育、家庭体育的融合

新世纪的教育是高校、家庭、社会合作的教育，教育已不仅仅局限于高校，更不存在走出校门就不再接受教育的观念。在体育向着大众化、社会化、生活化、终身化的方向持续发展的同时，高校体育正在逐步向家庭与社会延伸，儿童和青少年积极向上的体育态度与良好体育行为的形成，都是在高校、家庭、社会三方面共同教育作用下所产生的结果。由此可知，家庭与社会应当积极承担起对学生实施体育教育的职责，形成高校体育为主、家庭教育和社会教育为辅的体育教育模式。今后，我国高校体育需要把高校体育、社会体育、家庭体育有机融合起来，实现这三个方面的体育资源共享，促使三者达到密切配合的要求，最终取得最理想的体育教育效果，顺利完成高校体育、社会体育、终身体育的密切衔接。

5. 进一步加强基础理论研究，注重理论与实践的结合

我国高校体育思想发展中存在的问题表明，有关我国高校体育思想的基本理论还比较薄弱，对高校体育思想功能、目标的认识还需要进一步完善，学习、继承与创新的关系理论研究与实践的结合还有待于进一步加强。因此，未来我国高校体育思想的发展方向是应加强对高校体育功能、目标等基本理论的研究，并进

一步注重运用理论研究成果指导高校体育实践。

（二）现代体育教学思想的发展趋势

1. 体育教学思想将向层次性和延续性方向发展

在新理论、新观点、新方法的共同作用下，有关体育教学的各种教学指导思想应运而生，引导并指明了高校体育教学的改革方向，加快了体育教学改革的速度，为提升体育教学质量注入了很大推动力。然而，由于高校体育教学中各年龄阶段学生之间的年龄跨度较大，学生的生理、心理、运动能力等方面存在较大差异，在教学实践过程中，各种教学指导思想表现出了缺乏系统性、连贯性，体现为各年龄阶段教学重点的倾向性以及教材的处理、教法的选用和组织安排与学生的生理、心理、年龄及地区特点不协调，从某种程度上影响了高校体育教学改革进程。因此，根据学生各年龄阶段的特点，确立相应的体育教学指导思想，使之具有相应的层次，有助于明确教学改革的目标，把握教学改革的方向，控制和优化教学改革的进程，提高教学改革的质量。

2. 体育教学思想将向"人文体育观"方向发展

现阶段高校体育教学思想从唯"生物体育观"，转向了生物、心理、社会因素构成的"三维体育观"，拓宽了体育在健身、娱乐、竞技、文化和社会等方面的功能。使我国体育教学在传授"三基"、增强体质的同时，朝着多目标、多功能方向发展。同时，国外的休闲体育、快乐体育、终身体育等体育思想也得以出现，极大地促进了高校体育教学思想的进展。在我国成功举办2022年冬奥会的过程中，人文奥运理念获得了越来越多的认可和理解，奥林匹克运动对我国高校体育的发展产生了很大的积极作用，奥林匹克运动的思想也对我国的体育教学思想发挥出了指导性作用。能够预测到，今后高校体育将会向以人为本的方向不断前进，对学生的实际需求进行密切关注，把学生的均衡发展设定成重要目标，高校体育就一定会确立以"人文体育观"为核心的教学思想。

3. 确立"健康第一""终身体育"与"素质教育"相结合的体育教学思想

素质教育是不断发展着的理念，素质教育具备十分丰富的内涵。在素质教育实践日益深入的背景下，必须在其他相关理论中汲取"合理内核"，进一步充实素质教育的理论。在探索于体育教学中实施素质教育的过程中，人们尝试过采取多种途径和各类教育理念来指导体育教学实践，从而有所突破。然而，尽管所有理念都具备"合理内核"，但"健康第一"和"终身体育"在体育教学中的指导地位、具体作用是不可动摇的，高校和体育教师牢牢把握住这一点，对于深入改革素质教育有着深远意义。从体育教学的最终目标来看,体育是教育的一部分,是为人的全面教育服务的,因此,顺应素质教育的潮流,高校体育教学思想应确立"健康第一""终身体育"与"素质教育"相结合的体育教学思想。

第五章 现代高校体育教学效率要素的优化与发展

第一节 高校体育教师与学生的互动及发展

一、体育教师与学生的关系互动

（一）"教师的主导性"和"学生的主体性"

"教师的主导性"和"学生的主体性"的概念以及它们之间的关系一直都是教育改革和体育教学改革中的重要问题，而且这个问题在体育教学理论研究中一直没有被很清晰地阐述，在体育教改实践中也有许多不正确的认识。于是，我们经常会听到这样不准确的说法："某某教改课充分地发挥了学生的主体性，淡化了教师的主导性""某节课上教师的主导性太强了，而学生的主体性发挥得不够"。

很多体育教师都把教师的主导性理解为教师的"管理性""权威性"，甚至等同于"主宰性"，因此强调这是一种不太好的倾向。而且，在很多说法中都有将教师的主导性和学生的主体性对立起来的味道，有一种"主导性强了主体性就强不了，主体性强了主导性就强不了"的含义在里面。因此，我们必须对什么是教师的主导性和学生的主体性，以及这两者的关系进行认真的讨论，否则就可能造成理论上的一些混乱，也会对当前的体育教学改革实践产生负面影响。

"教师的主导性"也可以理解为教师的指导性，应该是指"教师对学生学习过程的指导质量和强度"，而"学生的主体性"则应当是指"学生朝向自己学习目标清晰度和学习过程中前进动力的强弱"，两者的连接点是"学习过程"。换句话说，教师的主导性就是"对学习过程的指导性"，学生的主体性就是"在学习过程中的主体性"。

其实，教师的主导性和学生的主体性是一件事情的两个方面，教师指导学生是为了更好地发挥学生的主体性学习，而学生接受教师的指导，一个是正确地"导"，一个是主动积极地"学"，因此两者应该说是统一的。没有正确"导"的积极的"学"，只能是"瞎学"；而没有积极"学"的"导"，即使是正确的"导"，也只能是白费劲的"导"了。

在实际的体育教学实践中，"正确的导"和"积极的学"通常是紧密结合在一起的，这便会成就一堂有效的师生交融的好课。只有学生的积极性却没有教师的正确指导，则是一堂无序的、枯燥的课，在其他学科的教学中不会有什么好的教学效果，但在体育教学中则是一堂充满危险的课；没有教师的正确指导也没有学生积极性的课，只是一堂消沉和放任的课，当然也不会是好课，我们统称为"放羊"。有了教师的正确的引导却没有学生学习积极性的课却是不存在的。

（二）"教师的主导性"和"学生的主体性"是相辅相成的

应该说，在教学中，教师的主导性越强，学生的主体性就越强。相反，教师的主导性差，学生的主体性也会很差。

举例来说，一个饲养员和一只熊猫。饲养员让熊猫走到它不愿意去的笼子里，那么饲养员就要把竹子放在熊猫可能看到的地方，并逐步引至笼子，那么熊猫吃竹子的动机（主体性）就和饲养员实施的手段与目的（主导性）很好地结合了起来。但在这里，饲养员必须要知道熊猫爱吃竹子的动机和它的视觉范围等，这就是将饲养员的目的性和熊猫的直接动机很好地结合起来了。否则就不知道该放什么诱饵、放多少诱饵、放在什么地方，不知道这一切也就不能达到目的。

教学中的教师和学生也类似于这样的关系，教师的主导性主要在于：明确教学目标，然后要对学生的学习动机、兴趣、学习步骤等进行深入了解，并根据目标和学习动机的关系来编制教材及设计教学过程，这样就可以不断地激发学生的动机和学习积极性，使师生融洽地、互相配合地去达到教学目标。因此，学生学得越好，学生的主体性越强，就越说明老师了解学生，越说明教师对教材理解得透彻，就越说明教师选择的教法得当，那么也就越说明教师的主导性很强了。

因此可以说，在体育教学中，教师的主导性和学生的主体性是相辅相成并相互促进的关系，是浑然一体的关系，是一个事物的两个方面。

（三）通过对"教师的主导性"的优化和强化来对"学生主体性"进行充分调动

在我们当前的体育教学改革实践中，不能将发挥教师的主导性和尊重学生的主体性割裂开来，更不能顾此失彼。的确，在应试教育的影响下，可能过去教师有些不重视学生的学习积极性，不研究学生的心理特征和特点，从而使体育教学比较死板，比较枯燥。但是我们应认识到，这不是教师的指导性太强了，因为教师的主观、生硬和武断不是教师的主导性，而是一种缺乏责任感和缺乏爱心的表现，这种教师的教学激发不了学生的积极性，学生不可能融入其中，因此教师的主导性也是不可能发挥出来的。

不能从一个极端走向另一个极端，而是应该仔细揣摩教师主导性和学生主体性之间的关系，然后从中找到教师应该做的工作，不断地去构建新教材，探讨体育教法中的"学理"。在体育教学中通过强化和优化"教师的主导性"来充分调动"学生的主体性"，让学生在愉快中去积极进取，达到我们的教育目的和体育教师的教学目标。

素质教育强调学生是学习和发展的主体，在体育教学中要重视弘扬学生的主体性，要让学生主动地、生动活泼地学习体育，但这丝毫不是要削弱教师的主导作用。然而，有的教师却从一个极端走向了另一个极端，反过来却又片面强调"学生决定一切"，强调"学比教更重要"，把主体和主导、教和学对立与割裂开来。

强调发挥学生的主体性，并没有否认体育教师的主导作用。今后，体育教师的责任仍然很重要，对教师的要求应该更高，我们不能把学生的主体性与教师的主导性对立起来。在学生的成长过程中，主体性在不同年龄和学习阶段的表现是不一样的，在幼儿园和小学阶段，学生的自立能力还很有限，知识也很有限，教师的主导作用就很大。而随着学生年龄的增长、知识的增加和能力的提高，他们的主体作用才逐步表现了出来。

二、体育教师的可持续发展

（一）满足体育教师的需求，从而保证教师队伍的稳定性

要想促使体育教师队伍得以可持续发展就必须保证教师队伍的稳定，特别是中青年体育教师队伍，这就要求高校领导及相关部门必须从体育教师的切身需要出发，采取积极的措施来使他们的生活工作困难得到很好的解决，使体育教师的需求得到满足，更好地保持体育教师队伍的稳定。具体来说，可以从以下三个方面着手。

第一，促使师资队伍的思想政治素质得以全面提高。在培养人的各个环节中都要将党组织的核心作用及政治工作贯穿其中，坚持党政联席会议制度，注重从青年教师中发展新的党员，对广大教师加强培养，特别是青年教师要树立正确的

人生观、世界观，抓好师资队伍建设。

第二，促使教师的收入得到实质性提高，使他们的收入能够达到社会中等水平，并在社会保险和社会福利等方面给予一些政策倾斜，使其从国内的纵向和横向对比中，不至于产生太大心理落差，并真正感受到自身的社会价值。

第三，为中青年教师的成长创造一个良好的环境，并积极引进博士、硕士，以使现有的教师队伍保持稳定。

（二）重视体育教师培养和培训，进一步优化教师学历结构

作为一项长期的系统工程，体育师资队伍的建设绝非易事，对其必须要加强领导、全面规划和统一管理。高校应成立由领导和专家、学者组成的师资队伍建设委员会，全面负责高校师资队伍建设，使决策、指挥、监督作用得到充分发挥，为师资队伍建设提供可靠的组织保证。具体来说，可以从以下三个方面着手。

第一，解决高学历教师的来源问题，这就需要国家增加对体育专业硕士和博士研究生的招生培养数量。

第二，为体育教师建立档案，并通过各种措施和渠道来为体育教师提供更多的培训、培养机会，促使体育教师的学习水平得到不断提高。

第三，规范体育教师的进修和管理，使体育教师能够获得定期进修的机会，资助体育教师的科研工作，促使体育教师的科研能力和自身素质得到不断提高。

（三）通过优惠政策的实施来加快人才培养的步伐

我国对于高校体育教师的职称评定有着严格规定，但也要注意灵活性，尤其是对一些高水平的或者是有特殊贡献的青年教师，可以采取优惠政策，让他们破格晋升职称，这样可以充分发挥出青年教师的积极性。而对于老教授来说，他们在培养后备学术人才中发挥着积极作用，对高校体育教师队伍的建设作用巨大，应对其进行表彰和鼓励，充分发挥其特长。同时，高校还应放开体育教学科研人才流动政策与市场，尽快实施"高层次创新人才工程"，加强科研工作，加快人才的培养及产出。

三、体育教学中学生的发展

现代体育教学归根结底是为了促进学生的全面发展。为了达到这一目的，就必须采取一些力求改进现代体育教学的方式和促进学生发展的措施。具体来说，主要可以从以下两个方面入手。

（一）贯彻科学教学思想，从而将先进的教学观念树立起来

为了促进学生的发展，首先必须要对科学体育教学思想进行贯彻，以此来更好地树立先进的教学观念。我国已提出了"终身体育""以人为本"的体育教学思想。以"终身体育"奠定基础进行现代体育教学，将体育锻炼的理念融入到学生的日常生活中，若以这样的体育思想为指导，我国的现代体育教学创新就会顺利进行；在"以人为本"的思想观念下，需要于教学中树立起以学生为中心的观念，从学生的需要和兴趣点入手，让他们选择教学的内容，以培养学生的综合素质作为教学目的。转变教学观念，促使学生的主动性和积极性得到充分调动，进一步开发学生的智力，鼓励学生进行自主学习与创新学习，使学生的最佳状态和学习热情得到激发，从而获得教学的最佳效果。

（二）通过体育教学改革使教学效果得到提高

促进学生的发展，改进现代体育教学非常重要。

首先要对现代体育教学内容进行丰富，采用新的教学方法以及现代化的教学手段，充实高校体育教学内容，要求在体育教学内容中融入一些新兴的、广泛的体育项目，一方面促使学生的学习兴趣得到激发，让其学习积极性得到提高；另一方面，促使这些体育项目得到更好的开展，促进全民健身和终身体育的发展。

在教学手段和教学方法方面，传统体育教学方法具有一定的优势，其作用也是非常重要的，但与新的体育教学手段和教学方法相比，这些作用仍然非常有限。所以，在体育教学发展中，新教学方法和现代教学手段的运用是其必然要求。采用新的体育教学方法和现代教学手段能够更加生动直观地展示体育教学的内容，促使学生更为准确地把握体育知识，并且能够使体育教学课堂变得更加趣味横生，调动每一个学生的积极性，提高体育教学的效率。

第二节 高校体育课程内容资源的挖掘与发展

一、体育教学内容挖掘的目标

（一）满足学生体育需要，提高学生身心健康

满足学生的各种体育需要，促使学生的身心得以全面发展，是体育教学过程中一个非常重要的目标，同时也是进行体育教学内容挖掘的非常重要的目标。在

对各类体育教学资源进行挖掘时，满足学生的各类体育需要是其前提，只有做到了这一点，所挖掘出来的体育教学内容才能够被学生接受。此外，学生需要学很多体育方面的知识，但这并不是体育课程所能够满足的，这就需要在体育教学内容所有的资源范围之内，在充分考虑体育教学内容资源挖掘成本的基础上予以重点突出，从而选择那些对学生终身体育发展有利的体育教学内容资源，促使其得到优先发展。

在对体育教学资源进行挖掘的过程中，要促使学生积极主动地参与其中，进行主动探索，学会进行真正的学习。向学生提供丰富、绚丽多姿的体育教学内容资源，以便更好地培养学生独立学习的习惯、意识和能力。体育教师要积极充分地利用所有能够对体育教学资源挖掘有利的因素，以全面提高学生探索问题、分析问题、解决问题以及合作学习等方面的能力，使学生能够创造性地利用各类体育教学资源，从而为自身的体育学习和实践以及其他相关探索性活动提供更多更好的服务。

（二）提高体育教师的认知能力

在对体育教学内容进行挖掘的过程中，不断提高体育教师体育教学内容资源方面的认知能力是其中一个非常重要的目的。在理解并认识新体育教学内容资源的基础上，促使体育教师在挖掘体育教学内容资源方面更好地保持主动性和积极性，这种影响也是非常直接的，能够对挖掘的质量及效果产生非常重要的影响。所以，在对体育教学内容进行挖掘时，体育教师在认识体育教学资源方面要进行不断深化，不断提高体育教师在体育教学资源方面的认知能力。

（三）充实体育教学内容体系

就事实而言，体育教学内容资源具有丰富性、多样性等特征，这也为进行体育教学内容资源的挖掘提供了必要的前提条件。应努力通过体育学科专家、学生等多个主体以及国家、地方和高校多个层面全方位、多角度地挖掘与开发相应的体育教学内容资源，将那些具有趣味性、新颖性、适应性强的体育教学内容资源开发成新的体育教学内容，在原有基础上对体育教学内容加以丰富及拓展，以形成一个具有中国特色的体育教学内容体系。对高校体育教学内容进行拓宽，能够为学生选择学习和发展个性提供更为广阔的空间，从而为素质教育的实施以及体育课程教学质量和效果的提高打下基础。

（四）形成高校体育教学特色，增强新内容的适应性

在对体育教学内容资源进行挖掘时，还要力求形成同本校具体实际相符合的

体育教学特色，促使体育教学内容在高校体育中的适应性得以不断提高，这是一个非常重要的目标。

不同的高校有不同的办学理念、不同的办学条件，甚至高校性质也存在很大的不同，而其学生的发展基础也存在很大差异，这也就使得高校所具有的体育教学内容资源的性质、具体结构和数量等方面存在着很大不同。

这就需要在体育教学内容挖掘方面不能只是对体育教学内容资源的统一性进行追求，同时还要尽可能地保持不同地域之间的体育教学内容的丰富性和多样性，以促使每一所高校所拥有的体育教学内容资源都能够很好地转化为本校的特色资源，并加以挖掘。只有具有高校的特色，高校体育教学内容资源的挖掘才会拥有更为旺盛的生命力。

二、体育教学内容挖掘与开发需遵循的原则

（一）时代性原则

在对体育教学内容资源加以挖掘方面，时代性是其所需要遵循的一个非常重要的原则。其含义主要体现在以下两个方面。

第一，现代社会发展的具体需求应能够通过体育教学内容资源的挖掘得以充分体现出来。

第二，鲜明的时代特征也需要通过对体育教学内容资源的挖掘得以更好地体现出来。

人们的生活和社会生产方式伴随着现代社会的飞速发展产生了非常重大的变化。在享受发展成果的同时，人们也承受着一定的危害风险，这在身体健康方面表现得更为明显，人们的身体健康面临着严重的威胁。这就要求在对体育教学内容资源进行挖掘的过程中，对人们的健康需求进行充分考虑，尽可能地挖掘那些具有较强实用性和较高身体锻炼价值的体育教学内容资源。随着时代的进步和发展，不断呈现并创造出新的健身、娱乐和休闲手段及方式，在对体育教学资源加以挖掘的过程中，应充分考虑以上这些因素，将其所具有的时代特征充分地体现。

（二）针对性原则

这一原则要求应根据体育教学目标，以及体育教师、学生、高校的具体实际情况和特点，来挖掘体育教学内容。

依据体育教学具体的目标来挖掘体育教学内容资源。体育教学目标不同，所

开发的体育教学资源也存在着很大差异，同时根据体育教学目标来对各个资源加以比较和分析，应从中选择出那些具有更强适应性的体育教学内容，并加以挖掘。

依据学生所具有的特点来挖掘体育教学内容资源，要将"以学生为主"的思想体现出来，根据学生的身心发展水平，根据学生的具体兴趣和爱好以及所具备的体育能力和知识基础来挖掘体育教学内容资源。

依据体育教学的特点来挖掘并开发体育教学内容资源，就是要结合每一位体育教师的知识、理念、思想、经验、特长、专业水平等来对体育教学内容资源进行挖掘与开发。

依据学生所具有的特点来对体育教学内容资源加以挖掘，就是要对高校的具体实际进行充分考虑，如高校的性质、任务、所处的地理位置、办学宗旨、培养目标、师生结构、历史传统、校风校纪、校容校貌、自然环境特征、高校现有的场地和器材，等等。

（三）开发与利用相结合原则

在对体育教学内容资源进行挖掘时，应注意对开发与利用相结合的原则加以遵循。这一原则要求在对体育教学内容资源进行挖掘的过程中，应注意同具体实际相结合，不能只是为了开发而开发，而是要使挖掘和开发的体育教学内容资源能够进入到体育课堂教学之中并发挥出其所具有的功能和作用。

在对体育教学内容资源进行挖掘的过程中，要将只进行开发而不进行利用的情况克服掉，既要重视开发的数量，同时也应重视开发的质量；既要具备对各种体育教学资源进行积极开发的意识，同时也应善于分析、识别并发现现有体育教学内容资源，对那些闲置的体育教学内容进行加工、改造与转化，并将这些内容充分利用到体育教学之中。

三、体育教学内容的发展

（一）体育教学内容的变迁

从我国整个的体育教学内容发展来看，其所发生的变化主要从以下几个方面得以体现出来。

第一，现代竞技体育运动在世界上的很多国家和地区都随着竞技体育的快速发展而逐步成为体育事业发展的重心。同时，在高校中，竞技体育运动也逐渐替代了传统的高校体育教学内容。

第二，目前，体育教学内容在数量方面得到了进一步的精简，但在难度方面却有了很大提高，对于那些含有比较高的技术元素的教学内容开始由那些接受过专业训练的体育教师来进行教授。

第三，从场地和器材方面来说，体育教学内容变得越来越正规化，这也很好地反映出高校对体育运动的安全方面非常重视。

第四，体育教学中带有娱乐性的内容逐渐减少。体育课中，"练"的因素与学生的实际联系正在不断增加。

（二）对体育教学内容发展的反思

1. 体育教学内容的逻辑关系不强

体育教学内容同其他教学内容相比较来看，其逻辑性并不是很强，这就要求教师在对体育教学内容加以安排时，注意对逻辑性进行有效避让，以便进一步深入地加以研究。

2. 竞技项目如何教学化

在促进体育教学内容得以发展方面，竞技体育运动项目始终都是体育教学中非常重要的内容，但同运动训练相比，体育教学则有着很大的不同之处。如果只是根据专业训练的相关标准和要求来促使学生进行体育教学内容的学习，那么很容易出现难度过大、教学效果不好、内容过于枯燥等问题。如果在体育教学内容中增加有关竞技体育运动项目的内容，就需要对这些内容进行相应的改造，使之能够更好地适应与满足体育教学内容的需要。

第三节　高校体育教学方法与手段的选择及优化

一、体育教学方法的选择与优化

（一）体育教学方法的选择

体育教师只有在对体育教学相关各个因素加以综合、科学考虑的基础上，选择出适当的教学方法，并合理地加以组合，才能获得比较良好的教学效果。

在选择体育教学方法时，需要对以下几个方面进行考虑。

1. 根据体育教学目标

单元教学目标、课时教学目标会对体育教学方法的选择起到直接的作用。这主要是因为体育教学目标不同，其实现所需的体育教学方法也不一样。

2. 根据教材内容的特点

体育教学内容与体育教学方法有着非常密切的关系。不同性质的体育教学内容，应采取相应的教学方法。体育教学方法的选择必须要根据体育教材的性质和特点，选择适当的教学方法。

3. 根据学生的实际情况

教师的"教"是为学生的"学"服务的，体育教学方法应同学生的具体实际情况相适应。学生的具体实际主要是指性别、年龄、身心发展等特征，此外，还要对学生掌握体育知识技能的程度进行了解，使其方法的选择更加有的放矢。

4. 根据教师的条件

体育教学方法的选择，应对体育教师的教学水平、个性特点以及专业素养予以充分考虑，选择能够展示教师教学水平的教学方法。教学方法的选择一定要以提高教学质量为首选要素。

（二）选择体育教学方法的要求

1. 牢记创新教育思想的目的

创新是素质教育的核心，也是新课程改革的重点，追求的不是创造出什么社会效益和经济效益，而是学生发展的价值。所以，在教学方法上，教师要围绕创新做文章，使学生在思想观念上"想创新"，在行为意识上"敢创新"，在目标达成上"能创新"，在学习过程中"会创新"。创新对于改变传统教学模式、激发学生兴趣、推动体育教学改革、树立新的体育教学观念意义重大。

2. 明确教师角色转变的意图

新课程对教师的角色要求是多方面的，教师原有的角色会发生变化，要不断扮演新的角色，这样才能成为新课程的适应者。其可从四个方面表现出来。

第一，由传统知识的传授者成为学生学习过程中的合作者。

第二，从传统教学的支配者成为学生学习活动的促进者。

第三，从传统的教书者成为适应新课程发展的研究者。

第四，从冷面的裁判员成为学生活动的热情欣赏者。如果教师以旁观者面目出现，就等于暗示学生他们之间必须要保持距离；如果教师以权威者姿态出现，就等于告诉学生他就是"唯一正确的答案"，这些都是不可取的。

3. 提升教学技能的艺术品位

继承并发扬传统教学技术的精华是新课程的要求，也是教学发展客观规律的需要，同时，掌握现代教学技术和新的教学理念更是必不可少的。而其怎样将传统的教学技能与现代教学技术相结合，成为当前众多体育教师需要直面的问题。在新形势下，教师既不能用传统教学技能抱残守缺，也不能用所谓的现代教学技术画蛇添足，不思教学技能的艺术性是不可取的，也是不能适应现代教学需要的，应将两者有机地结合起来。

4. 设计贴近生活实际的教学内容

体育活动对于发展学生的社会适应能力具有独特的作用，学生在体育活动中所获得的合作与交往能力能够迁移到日常的学习和生活中去，因此，要采取有效的教学手段和方法培养学生的社会适应能力。例如，走、跑、跳、投是人的基本活动能力，在生活中随处可用，原始人追逐奔跑、跨越障碍是为了获得猎物或逃避危险，如果等到他摆好起跑姿势再跑的话，可能猎物早就跑得无影无踪了，或者他就成为猎物和猛兽的美餐。所以，类似于起跑这样的教学内容是没有实际意义的，唯一的作用是参加比赛。再如，学习武术是为了什么？除了强身健体外，更重要的应是在生活中能够增强防御能力。因此，在教学中要突出攻防意识的教学，对于一招一式的来龙去脉，要向学生交代清楚，否则便没有实际意义。

5. 搭建展示学生自我的平台

在体育教学中，学生展示能力的机会很多，教师要充分利用，培养学生的主体意识，让每一个学生都能尝试成功、体验成功，用成功的愉悦促进愉悦的成功。成功是每一个人所追求和向往的，成功能够帮助人们树立信心、激发斗志、形成动力。因此，教师要充分相信学生，但信任学生不能只停留在口头上，而是要付诸行动。

（三）体育教学方法的运用

1. 整体性

任何一种体育教学方法都具有各自的功能、特点以及应用范围，同时也有着各自的局限性。所以，在对体育教学方法进行选择时，体育教师应对整体的观念予以坚持，并对各种教学方法的有机结合加以重视，以促使教学体系的整体功能得到充分发挥。

2. 启发性

体育教师在运用教学方法时，应从学生实际出发，最大限度地调动学生学习的积极性和自觉性，激发学生的主动精神，尊重学生的主体地位，培养学生的思维能力与创造精神。激发并培养学生的学习兴趣与动机，科学合理地设计体育教学方法，培养学生的体育能力。创设情境，引导学生进行积极思维。

3．灵活性

体育教学是一个动态过程，尽管教师在备课时根据体育教学目标、内容和学生实际设计了体育教学方法，但在实际教学中往往会有各种变化。体育教师在运用体育教学方法时，要根据教学的实际情况，灵活地、创造性地加以运用。

（四）现代体育教学方法的优化创新

1．自主学习法

自主学习法，又称作"主动性学习"，它是为了促使体育教学目标得以实现，在体育教师指导下，学生结合自身实际和自身需要制定目标、选择学习内容、规划学习步骤，从而完成学习目标的体育学习模式。

（1）自主学习的意义

①确定学生主体地位，激发学生体育学习的热情

在人的心灵深处，都有一种根深蒂固的需要，就是希望感到自己是一个发现者、研究者、探索者。而在儿童的精神世界中，这种需要特别强烈。

②对学生的体育学习能力进行培养

为"终身体育"打下坚实基础，促使学生从"学会体育"（学会一些运动技能）到"会学体育"（掌握全面的学习体育的方法）。

③促使体育教学学习效果得以提高

在体育课程中，学生的学习效果并不是由体育教师教多少决定的，而主要是由学生如何接受、如何学习、如何练习所决定的。只有学生在体育学习中，"能学""想学""会学"，体育学习才能真正取得实效。

（2）自主学习的特点

①独立性

体育学习活动是独立开展的，学生根据自己的体能和技能情况来制定相应的目标，选择合适的内容，选择有效的方法，并进行结果评价。

②能动性

学生自律学习，主动学习。学习活动的开展，是以掌握知识技能、探索未知、提高自身的动机为基础的。

③创造性

学生在体育学习中，能够运用独特的思维、手段，富有独创性地探索解决体育学习问题，寻找提升知识技能、发展身体的独特方法。

（3）自主学习的教学步骤

①自定目标

依据学习目标，准确地分析估计自己的能力，充分发挥潜能，自己确定"跳一跳，够得着"的学习目标。

②自主选择学习活动与学习方法

学生运用所学到的知识和已有的经验，合理地安排与选择达到目标的具体学习活动。

③自主评价

学生能依据体育学习目标，对自己的学习状况进行观察、分析、反思，看到进步与发展，找出不足与问题。

④自我调控

对照学习目标，分析学习情况，及时调整学习目标，改进学习策略和方法，即及时恰当地"纠偏"，以促进体育学习目标的达成。

2. 探究式学习法

探究式学习是指体育教师引导学生在体育学习过程中选择与确定研究主题，创设类似于研究的情境，通过学生自主、独立地发现问题、实验、操作、调查、收集与处理信息、表达与交流等探索活动，获得体育知识、运动技能、情感与态度的发展，特别是探索精神和创新能力的发展的学习方式。

（1）探究学习的特点

①参与性

在探究学习中，每一名学生都必须实际参与到各种实验、练习、调查、收集与处理信息、表达与交流等活动之中。

②问题性

探究学习总是从创设各种问题开始的，并以此引发学生学习的动机，使其积极参与学习活动。

③开放性

在探索学习中问题的答案或解决问题的途径并不是唯一的，往往可能有多种答案或途径，对于培养学生的开放式思维具有重要作用。

④实践性

探究学习是学生实际参与问题的研究，通过实践来加以拓展认识，加深对问题的理解。

(2）运用探究式学习的注意事项

①合理设置问题

体育教师提出的问题应充分考虑学生的基础与学习内容的特点，应能够激发学生的探究动机。

②鼓励学生积极探究

体育教师应有目的、有意识地鼓励学生提出问题，大胆创新，对于学生在探究过程中出现的不足，甚至错误应给予宽容、理解。

③充分发挥小组的集体智慧

体育教师应注意充分发挥小组成员的集体智慧，群策群力，各显神通，取长补短。

④注意运动技能学习的特点

运动技能的探究学习，不仅是解决懂不懂、知不知，更是解决会不会的问题。要注意结合学生的体能和运动技能的基础，注意运动的安全。

（3）探究性学习方法的教学步骤

①提出问题

体育教师应根据学生已经学习与掌握的知识理论，结合所学的具体内容为学生提出具有多种可能性的问题。

②分组讨论，提出若干假设与方案

在体育教师提出问题后，将学生分成若干个学习小组各自提出假设与解决问题的方案。

③验证方案

各组根据教师的指导与要求将假设与方案运用于体育与健康学习活动的实践中，验证假说与方案。

④评价与提高

在小组探究的基础上进一步对解决问题的过程与效果进行评价，激发学生的探索热情，提高学生的创造性思维能力。

3. 发现式教学法

发现式教学法，又称"问题法"，它是从青少年好奇、好问、好动的心理特点出发，以发展学生创造性思维为目标，以解决问题为中心，以结构化的教材为内容，使学生通过再发现的步骤进行学习的一种教学方法。对于学生而言，发现并不限于寻求人类尚未知晓的东西，确切地说，它包括用自己的头脑亲自获得知识的一切方法。

（1）运用发现法的教学步骤

①提出问题或创设问题的情境，使学生在这种情境中产生疑问和矛盾，按照教师提出的要求带着问题去探索。

②学生通过反复练习，掌握动作技术的基本原理、方法。

③组织学生提出假设并通过实践进行验证，开展讨论与争辩，对动作技术的原理、方法和争论的问题做出总结，得出共同的结论。

（2）运用发现法应注意的问题

①教师要善于提出问题，激发学生的学习热情。学生首先要有提问题的意识，并能积极和善于提出问题。教师要善于创设问题情境，激发学生的学习热情。

②要因势利导，运用已知，探求未知。在运用发现法时，体育教师应注意根据学生已有的知识经验和运动技能基础，提出适当的问题。

③要善于设问激疑，利用矛盾，启迪思维。体育教师要善于在学生无疑处激疑，利用体育活动中出现的各种矛盾启发学生的思维。

④采取由简到繁、由个别到一般、由具体到抽象、步步深入的方法。

⑤要集中力量，突出重点，突破难点，消除疑点。在学生发现问题、解决问题的过程中，体育教师应引导学生抓住问题的重点。

⑥要鼓励学生标新求异。留下悬念，让学生继续探索。

4. 合作学习法

（1）合作学习的概念

合作学习法是指学生在小组或团队中为了完成共同的任务，有明确的责任分工的互助性学习的形式。

（2）合作学习的特点

①小组成员之间的相互依赖

每个成员都认识到自己与小组及小组内其他成员之间是同舟共济、荣辱与共的关系，每个人都要为自己所在小组的其他同伴的学习负责。

②个人责任

所谓个人责任是指小组中的每个成员都必须承担一定的任务，小组的成功取决于所有组员个人的学习。在群体活动中，如果成员没有明确的责任，就很容易出现成员不参与群体活动、逃避工作的"责任扩散"现象。

③社交技能

不合作的原因往往不是学生缺乏合作的愿望，而是学生缺乏合作的方法——社交技能。所以，教师最好在传授专业知识的同时也教授学生掌握必要的社交技能。

④小组自评

为了保持小组活动的有效性，合作小组必须定期地评价小组成员共同活动的情况。

⑤混合编组

在组建合作学习小组时应保证小组成员的多样性，以此激发出更多的观点，形成更深入、更全面的认识。

（3）合作学习的教学步骤

①进行组内异质、组间同质的分组

根据班级的规模、场地器材、学习内容，将学生分成若干个6~8人组成的异质合作学习小组，组与组之间应同质。

②制定合作学习小组的学习目标

在体育教师的指导下，根据本单元的学习主题，由小组的全体成员共同确定学习目标。

③选择学习的具体课题，并进行组内分工

具体课题应由师生共同研究确定，具体课题的选择与进行应来源于学生的"最近发展区"。

④合作学习的具体实施

在小组长的组织下，围绕学习的主题，小组成员各司其职，各尽其能，共同完成学习任务。

⑤小组间的比较与评价

组间交流与反馈，教师和其他小组的同学进行分析；分享学习与研究的成果，纠正不足，提高学习能力。

⑥学习效果的评价

从合作技巧、合作效果、合作是否愉快、进步程度等方面对合作小组及个人进行评价，并做好记录。

5. 领会教学法

领会教学法是在球类学习过程中，以学生的认知活动为主线，将指导学生领会球类运动的特性与战术作为教学的重点，以便发展学生的认知经验，领会球类运动规律的教学方法。

（1）领会教学法的特点

①体现现代球类运动特点。现代球类运动是人的体能、运动技能及心理素质等因素的综合体现。球类运动要求不仅应掌握精湛而全面的动作技巧，而且要具备在不同场合采用各种不同动作的随机应变能力。体育教师不仅要教学生球类动作技巧，更要让他们理解如何运用这些技巧，避免学生生硬、盲目地完成动作，学会战术的协调配合应用。

②强调对战术的领会理解。领会教学法应着眼于把学生认知能力和战术意识的培养视为核心，将培养学生应对各种复杂情况的能力作为学习的关键，因人而异地教授各种技巧动作。

（2）领会教学法的教学步骤

领会教学法包括以下教学步骤。

①项目介绍。

②比赛概述。

③战术意识培养。

④瞬间决断能力的培养。

⑤技巧演示。

⑥动作完成。

二、体育教学手段的选择和优化

（一）体育教学手段的种类

体育教学手段主要包括人体内部感官视角手段和人体外部视角手段。其中，人体内部感官视角手段包括学生视觉手段、学生听觉手段、学生视听觉综合手段、学生触觉手段，人体外部视角手段主要包括运动场地、器材和设备以及运动辅助用具。

（二）"挂图"体育教学手段的优化运用

使用这一体育教学手段能够很好地加深学生对体育动作的直观印象，通过对文字、图片进行直观感知，形成正确的动作表象，促使学生对运动动作的程序、方法、要领、结构有一个清晰的了解，对动作的次序、各个动作的特征以及身体运动的时空关系进行明确，以更好地对动作技术进行学习与掌握。

在体育教学实践过程中，对"挂图"教学手段的优化运用应注意以下几点。

第一，在教学准备时，对挂图的具体内容与使用时间、方法，体育教师应进行认真的构想与筹划。也就是说，在备课时，体育教师要像准备教材一样对教学挂图加以认真对待。挂图的内容是什么？用多大的图片？放在哪个位置？怎样结合运动技术要领进行讲解？怎样启发学生看图？准备解决运动技术中的什么具体问题等等，以上这些问题都需要在教学准备中进行良好的计划，以做到心中有数。

第二，所选择的挂图教学手段要具有针对性。应根据体育教学目标、教学内容和具体的教学要求来进行全面考虑。挂图内容要突出重点，既要描绘运动技术的全过程，又要体现技术的重点，可以采用图文并茂的形式，还可以运用各种颜色的效果，使图片和文字更生动、更正确、更清晰，体现出更强的视觉效果。

第三，在学生观察挂图的同时启发学生思考。留给学生一定的观察图片文字的时间，但要结合具体的内容进行简单的讲解，启发学生对运动技术重点与难点的理解。

第四，在文字表述上可以运用口诀或顺口溜的形式，以简洁的文字促进学生的有效记忆。

第五，注意挂图的位置和指图时机。挂图放在什么位置较好，教师应在课前做好充分的准备。一般情况下，挂图的位置不能太远，等到呈现完挂图后，要移开挂图，让它远离练习场地，不要影响学生的练习。运用挂图的时机是，在教师示范之后可结合挂图讲解，也可以运用于标注上课时的注意点，以强化学生对技术要点与要求的特别关注。

（三）"多媒体"体育教学手段的优化运用

伴随着现代社会和科技的快速发展，在社会各界中，多媒体技术已经得到了非常广泛的运用。在高校教育中，各学科的各种教学软件也应运而生，这为体育教学提供了有效、便捷的方法。

从目前来看，在高校教育的各个学科中多媒体教学仅仅限于语文、数学、化学、英语等，从实践中产生了积极效应。从传统观念来看，普遍认为多媒体教学与体育课之间的联系比较少，换句话说，体育课并不适合运用多媒体教学手段。

的确，体育课是以室外教学为主的阳光课程，这个特点决定了其不可能像室内教学课那样大量使用多媒体教学手段。同时，体育课并不是理论课，体育课存在着大量身体练习，它是一门操作性学科，所以在体育中，多媒体教学的使用受到了比较多的质疑。

由此可见，如果在体育教学中大量使用多媒体教学手段是不现实的，也是不可取的，这与体育学科的本质特征相背离，这是因为学生只是单纯依赖视觉是无法对具有较强操作性的运动技能进行掌握的。但如果完全脱离多媒体教学手段也是一种非常极端的做法，同样也不可取。我们虽然不可能先在教室里看完由多媒体演示的运动技术，再到操场上进行运动实践，但我们可以利用笔记本电脑，在学生需要观看视频时打开电脑，让学生在短时间内观看。因此，我们在体育课教学中不能完全排斥多媒体教学手段。现代的多媒体教学手段已经逐步代替了传统意义上的播音机、收录机、节拍器、手鼓等教学手段，综合了学生视觉、听觉、视听觉的各种内容，是一项有待开发的具有广阔发展空间的体育教学手段。

（四）"学习卡片"教学手段在体育教学中的优化运用

"学习卡片"，主要是为了能够更好地帮助学生对运动技术的要领加以更好理解，对课程的教学目标、重点和要求进行了解而设计的一种供学生进行使用的教学辅助材料。它不同于教材，是一种临时的、用于课堂教学并可以及时反馈的学习材料，一般可用于低年级的教学之中。作为一种直观性手段，学习卡片与挂图有着相同的原理，但也存在比较大的差别。学习卡片携带起来比较方便，每一个学生都能够拥有，每一张卡片又有各自不同的要求，很容易吸引学生的注意力。但这种学习卡片对运动是不利的，有的学生很容易出现遗忘，有时候会扔得满地都是。所以，挂图和学习卡片各有其优缺点，需要根据学生的不同年龄来进行选择。

学习卡片有着很多种形式，篇幅大小也各异，通常是一张小卡片。学习卡片的主要作用表现在以下几个方面。

1. 能够作为学习的辅助材料

根据教材的特点，体育教师可以在卡片中为学生提供必要的一些信息，如动作要领、动作图式、口诀、技术重难点等。学生在这些辅助材料的帮助下能够对运动技术的要点和特点进行准确领会。也可以通过对一些技术难点的标示而引发学生对某些重要技术环节的特别注意。

2. 提示教学分层目标

由于学生所处的层次不同，教师可以制定出不同的目标和要求，使学生能够在学习过程中对目标意识进行强化，并结合预期的目标来适时反馈及评价结果，经常检查不同时期的目标达成程度，进行有效的过程监控。

3. 突出问题思考

一些抽象的问题通过公式、范例等形式向学生进行展示，如合力、力矩、向心力、离心力、抛物线等原理及公式。以上这些问题在教材中是比较少见的，只是通过教师的讲解很难讲清楚，还要适时精讲多练地教学，如果写在学习卡片上就能够有助于学生进行理解了。

（五）"场地设备"教学手段在体育教学中的优化运用

在体育教学的各种活动中，体育教学所使用的场地设备是最基本的硬件设施，同时也是高校投入比较大的项目。但由于出于安全考虑，像单杠、双杠、跳高等教材内容没人敢教，这就造成了很多场地器材无人问津，使得教学手段资源被浪费。体育教师应将这些场地器材在体育教学或体育锻炼中进行运用，以使其所应有的价值及作用得到充分发挥。

第四节 高校体育教学过程的优化发展

一、体育教学过程的概念

体育教学过程是为实现体育教学目标而计划、实施的、使学生掌握体育知识和运动技能并接受各种体育道德和行为教育的教学程序。这个程序具有学段、学年、学期、单元和课时等不同时间概念。

二、体育教学过程的性质

（一）高校体育教学过程是学生对运动技能进行掌握的过程

高校体育教学过程是学生对运动技能进行掌握的过程。从本质上来讲，体育课程的教学就是在身体练习不断反复开展的过程中，使学生能够对运动技能进行掌握，同时，在对运动技能掌握的前提下再接受其他方面的养成教育。同体育课程不同，其他学科的教学过程实际上就是，使学生对概念进行识记，并且对推理、判断等思维方式进行应用，去对科学知识进行掌握，同时使学生的智力得到发展。因此，我们可以将高校体育教学过程理解为学生对运动技能进行掌握的过程。

（二）高校体育教学过程是使学生运动素养提高的过程

对运动技能进行掌握的前提就是，使运动素质得到提高，同时，还要使大肌肉群的运动素质得到有效提高，运动技能与运动素质提升之间存在的关系是互相促进。所以，高校体育教学过程可以理解为是使学生运动素质得到不断提高，且以此能够使学生体能得到增强的一个过程。在高校体育教学活动开展的过程中，在重视学生掌握运动技能程度的同时，还应该对学生运动素质的提升给予一定关注，并且，在对高校体育教学进行设计、对高校体育教学进度进行安排、对高校体育教学内容进行选编的过程中，将运动技能与运动素质的提高紧密地联系在一起，保证二者的协调发展。

（三）高校体育教学过程是知识学习、运动认知的形成过程

体育学科作为一门综合性课程，包含了自然学科与人文学科。在高校体育教学活动开展的过程中，不仅强调学生对运动技能的掌握，还会组织、安排学生对其他知识进行学习，获得一定的运动认知。在某些时候，这也是运动技能掌握与运动素质提高的重要前提条件。所以，高校体育教学过程也是对体育知识与运动认知进行掌握的一个过程。

体育是涉及人文学科和自然学科的一门综合性课程，在以掌握运动技能为主的高校体育教学过程中，学生也会涉及许多知识的学习和运动认知的获得，有时，这也是掌握运动技能和提高运动素质的基础。因此，高校体育教学过程也必然是一个掌握体育知识和运动认知的过程。

（四）高校体育教学过程是集体学习与集体思考的过程

高校体育教学的教学形式主要以"集体学习"和"小集体学习"为主，之所以这样，原因在于绝大部分的体育运动项目的完成都是通过集体形式或者小集体形式，所以，也应该在集体学习与集体思考的过程中完成体育技能的学习。此外，现阶段的高校体育教学目标也是更加倾向于学生的集体学习，旨在使集体教育的潜在作用能够得到充分的发挥。同时，在高校体育教学中，集体性学习与集体性思考能够使教师与学生之间、学生与学生之间的沟通和互动得到加强，同时，还能够促进学生社会适应能力与社会交往能力的培养，所以，对于高校体育教学过程，也可以认定为是开展学生集体学习与集体思考的一个过程。

（五）高校体育教学过程是对运动乐趣进行体验的过程

从生理学的角度上来讲，学生体育学习的过程是一个充满汗、累和苦的一个过程，是对学生身体实施生物学改造的一个过程，同时是对运动固有乐趣从身体方面与心理方面进行体验的一个过程。这种乐趣体现了体育运动的生命力，同时是高校体育教学的重要内容与目标，还是对学生体育参与意识进行培养的重要手段与途径，是终身体育运动开展的前提条件，所以，对于高校体育教学过程，我们可以理解为学生对运动乐趣进行体验的一个过程。

三、体育教学过程存在的主要矛盾

在体育教学过程中,主要矛盾存在三对,分别是:①体育教师的教同学生的学之间存在的矛盾;②体育教师同教材之间存在的矛盾;③学生同教材之间存在的矛盾。在这三对矛盾中比较显著的就是体育教师的教与学生的学之间存在的矛盾。

在高校体育教学过程中,体育教师与学生是两个重要的主体性因素,因而导致体育教师的教与学生的学之间双边互动的矛盾关系得以形成,并且在高校体育教学过程中,这一矛盾是始终存在的,同时,还能够对其他矛盾的存在与发展起到一定的支配作用,从而作为原动力,促进高校体育教学过程的发展。

四、体育教学过程的功能

高校体育教学过程从根上来讲,就是认识与实践之间统一、协调发展的一种活动过程,这一过程的最终目标在于促进学生的全面发展,换句话来讲,高校体育教学过程的主要功能在于促进学生身心诸方面的和谐发展。对于高校体育教学过程的功能进行全面认识与开发,能够促进高校体育教学目标更好地实现。高校体育教学过程的功能主要体现在以下几个方面。

(一)体育教学过程的教育功能

在体育教学的过程中,不仅能够增长学生的知识,使其能力得到全面发展,还能够熏陶、改变学生的思想情感、道德品质与精神面貌。在体育教学中,教师应该将教书与育人自觉地统一起来,充分发挥体育教学过程的教育功能,促进学生思想品质与道德素养的发展。

(二)体育教学过程的知识传递功能

体育教师通过体育教学过程的开展,能够将科学文化知识与基本技能技巧系统地向学生传递。体育教学过程实际上就是对学生有目的、有组织、有计划进行培养的一个过程,因此,体育教学过程的知识传递功能能够高质量、高效率地发挥。

(三)体育教学过程的智能培养功能

首先,智力活动的主要内容就是知识;其次,对知识进行学习与应用的活动,本身就能够实现智力的锻炼与能力的培养;最后,形成技能可以使智力活动过程大大地简化,使智力活动水平的提高更加迅速、更加经济、更加有效。

（四）体育教学过程的审美功能

作为教学艺术与教学手段，"美"的因素始终存在于体育教学过程中，并且在体育教学活动的各个方面都有存在，在"美"的多样形式下，使学生对"教"所要传递的各种各样教育信息顺利吸收，同时，获得美的体验与享受，使紧张学习导致的疲劳得到消除，促进审美趣味、审美观念与审美能力的形成。

（五）体育教学过程的发展个性功能

发展个性的主要内容是对知识进行传授，对智能进行培养，促进技能的形成。在原有生理条件与经验背景的基础上，每一个学生都有可能会形成独有的知识、智能结构与技能，同时能够对自己新的知识体系进行构建，从而为个性发展创造良好的条件。

五、与体育教学过程有关的概念

（一）体育教学过程与体育教学原则

体育教学过程和体育教学原则之间存在的关系是非常密切的，但体育教学过程与体育教学原则又是不同的概念范畴。它们之间的联系主要体现在：

①体育教学原则是体育教学过程实施的基本要求。

②体育教学原则是体育教学过程优化的基本内容。

③体育教学原则在体育教学过程的各个层次中始终存在。

但是，体育教学过程与体育教学原则之间也是存在一定区别的，在区分过程中需要注意以下问题：

①体育教学过程是时间和流程的范畴，体育教学原则是要求的范畴。

②体育教学过程可以分阶段、有重点，体育教学原则是贯穿始终的。

③体育教学过程与内容关系密切，体育教学原则与方法关系密切。

（二）体育教学过程与体育教学模式

体育教学模式实际上就是单元和课时体育教学过程结构，是本着某种体育教学指导思想设计的教学过程类型，体育教学过程与体育教学模式是"抽象"和"具体"的关系。因此可以说，那些具体的、有特色的、长短不一的体育教学过程设计以及其中的方法体系就是体育教学模式。

（三）体育教学过程与体育教学设计

从本质上来讲，体育教学设计就是体育教师构想与安排体育教学过程，对于体育教学的任一个过程而言，都有某一种体育教学设计存在其中，而体育教学设计是包含在体育教学过程中的工作。

（四）体育教学过程与体育教学计划

所谓的体育教学计划，主要是指体育教学过程的设计方案，我们对它的理解，通常是存在于纸上的体育教学过程。对于体育教学过程与体育教学计划而言，二者是一一对应的关系，例如，如果有学期体育教学过程，那么就会存在学期体育教学计划；如果有单元体育教学过程，那么就会存在单元体育教学计划；如果存在学时体育教学过程，那么就会存在学时体育教学计划，等等。

（五）体育教学过程与体育课堂教学

体育课堂教学是教学的场景，通常指一个课时的体育教学，也是作为时间基本单位的体育教学过程。而体育课堂教学的各项因素同体育教学过程之间都存在十分紧密的联系，都是体育教学过程的主要构成因素，同时，也是对体育教学过程进行观察的最佳视角。

六、高校体育教学过程优化分析

（一）优化体育教师

使体育教师的主体能动性得到充分发挥，也就是在整个体育教学活动开展的过程中，使体育教师的主导作用得到有效的发挥。在体育教学中，体育教师是教学的主体，发挥着主导的作用。通过对体育教学过程展开动态分析可以得知，教师的主导作用主要在三个阶段体现出来，即体育教学的准备阶段、体育教学的实施阶段与体育教学的反思阶段。因此，在优化体育教师的时候，应该从上述的三个阶段展开分析。

1. 体育教学的准备阶段

在体育教学的准备阶段，体育教学方案得以形成，是指按照体育教学的理论与实际条件安排、规划、确定体育教学过程、体育教学目标与体育教学评价等。对体育教学方案进行优化设计，能够保证体育教学整个过程的优化。

2. 体育教学的实施阶段

体育教学的实施阶段事实上就是对体育教学进行管理、组织、实施的阶段，同时也是体育教学目标与体育教学方案具体执行与实现的过程。体育教学的实施阶段是体育教学过程的重要组成部分之一，在这一阶段中，体育教师承担着很多方面的任务，例如，使学生的学习动机得到调动，学生的学习过程得到指导与组织，等等。这一阶段也是对体育教学过程进行优化的重点。

3. 体育教学的反思阶段

体育教学的反思阶段，主要是指评价与反馈体育教学效果的过程，在这一过程中，需要对体育教学效果进行检查与评估，同时，这一阶段也是体育教学过程的最后一个步骤。体育教学评价的开展，能够使体育教学活动是否达到体育教学预期目标的问题从实际效果上得到解答，同时，还能够将基本的反馈信息提供给下一个体育教学过程。对体育教学效果进行科学、合理的评价，不仅仅是体育教师的重要责任，同时也是优化体育教学活动的客观要求。

（二）优化学生

在我国的国家基础教育改革中提出以学生为主体的全新教育理念。在体育教学活动开展的过程中，学生是主体，所以，在体育教学开展的过程中，学生的主观能动性应该得到发挥，对体育教学内容的选择进行参与，使体育锻炼与学习的动机、兴趣与愿望得到体现，通过体育练习活动的开展，使学生的运动能力、运动经验与运动技能储备得到发展。在体育教学实践活动开展的过程中，只有学生的主动性、创造性与独立性得到全面的发展，才能够保证学生对体育知识、体育技能有所掌握，使其自身的能力得到发展，促进合理主体结构的形成。

（三）优化体育教学内容

在优化体育教材，即体育教学内容的时候，需要对以下几个方面的要求给予重视。

1. 保证全面性的体育教学内容

体育教学主要目标是使学生得到全面发展，为其将来接受更高层次的教育建立良好基础。所以，应该将体育锻炼方法、体育科学知识与体育价值观念等多个方面的内容紧密地联系在一起。只有保证体育教学内容的全面性，才能够为日后学生的全面发展创造有利条件。

2. 保证基础性的体育教学内容

体育教学的内容的基础性，主要体现在以下几个方面，即使学生的正常生长发育得到促进，保证学生身体素质与运动能力的全面发展，保证获得扎实的体育知识与体育技能，促进良好体育锻炼习惯的养成，创造终身体育运动的重要条件。

3. 保证活动性的体育教学内容

体育教学内容是学生开展学习活动的主要材料，通过主体活动的完成，使学生掌握了体育教学内容。体育教学内容的设计应该保证能够促进学生主体活动的开展，使学生的体育学习兴趣得到培养，也就是说体育教学内容应该是整体性的规划，主要从学生的思维、观察、体验、练习、互动与探索等方面出发。

（四）体育教学过程的控制、管理与评价

体育教学过程的控制、管理与评价，应该从体育教学目标与体育教学效率等指标出发，并且保证控制、管理有组织、有目的、有计划地开展，同时还要对体育教学速度、体育教学时间等因素进行综合考虑，争取在体育教学开展的过程中，做到在较低消耗的情况下，取得理想的体育教学效果。

总而言之，在对体育教学过程进行优化的时候，应该同教师教学活动的科学组织与学生学习活动的有效开展紧密联系在一起，对于体育教师教与学生学的双边活动科学地进行组织，同时，对于体育教学的规律、体育教学方法、体育教学模式、体育教学的内部条件与外部实际条件要全面地进行考虑，从既定目标出发，使体育教学过程的有效作用得到发挥，促成最佳体育教学。

第六章　现代高校体育教学与运动训练模式研究

第一节　高校体育教学与运动训练异同互补研究

一、体育教学原则

（一）体育教学原则

体育教学原则是人们在长期的体育教学过程中，不断地反思、总结体育教学中的成功与失败，由此探索出来的规律，是体育教学客观规律的反映。在体育教学过程中，它贯穿体育教学的全过程，指导体育教学过程的各个方面。如体育教学计划的制定，教学内容、方法的选择与安排，教学组织形式的运用，课的负荷的安排，教学质量的评估等。随着人们对体育教学原则的进一步认识和不断深入的研究，体育教学原则不是一成不变的，它应随着社会的进步、发展而有所改变，并不断得到发展与完善。

（二）快乐体育教学原则

快乐体育教学原则是经过多年的理论研究与实践探索而形成的从学生兴趣入手，丰富学生体育情感，提高学生身体素质，健全学生运动人格，形成学生体育爱好，养成学生稳定的体育行为习惯的快乐体育教育思想。它以学生的浓厚兴趣为基础，依托持久的意志力来掌握一两种终身享用的运动技能，从而保持良好的情绪，获得快乐的成功体验。

1. 以人为本，因材施教

快乐体育教学原则的根本指导思想是通过培养学生良好的心理素质，力求使其将外部的要求变为内驱力，从而以"乐学"做为支撑点，实现自身健康而富有个性的发展。要求以全面育人为出发点和归宿，让学生真正成为课堂的主人，做到教师的主导和学生的主体相结合。同时注重从情感教学入手，培养学生乐学、好学。教师要最大限度地适应学生的需要，因材施教，积极地鼓励、引导学生锻炼身体、磨炼意志、陶冶情操，使他们的身心得到全面和谐的发展。

2. 灵活多变，快乐教学

快乐体育教学原则，要求教师在日常的体育教学中，注意灵活多变，采用多种方法，帮助学生体验运动的乐趣。比如：趣味融合法，将体育教学内容与学生喜闻乐见的游戏有机地结合在一起；民族传统体育法，将民族传统体育融于体育教学中；分层次教学法，根据不同层次的学生，分小组进行教学；创新式教学法，比如，武术教学、健美操教学等，教给学生基本的动作，让学生自编自创一套自己喜爱的组合拳或舞蹈；此外还有分组合作法、挑战竞赛法、游戏法、主题教学法等等。

3. 辩证统一，有机结合

运动乐趣和运动技能在体育教学中是辩证统一的关系，要注意加强两者的有机结合。因此，在体育教学中，既要让学生掌握好运动技能，又要让学生享受到体育教学和体育锻炼的乐趣。在实际的体育教学中，肯定有一些趣味性不强、学生又比较难掌握的运动技术，此时，应注意挖掘或加上一些有乐趣的内容，增添教学的兴趣。但是，也不要因为一味追求趣味性而降低了运动技能的教学要求，影响了教学质量。只有学会了运动技能，才能更好地体会到运动的乐趣。反过来，熟练的运动技能又能进一步地激发学生学习的热情。两者有机结合，就能相辅相成。因此，对掌握运动技能与体验运动乐趣不能顾此失彼或厚此薄彼，要正确地处理好两者之间的关系。

（三）合理安排生理负荷和心理负荷原则

负荷包括生理负荷和心理负荷两个方面，合理安排生理负荷和心理负荷就是在体育教学中要使学生承受适当的生理负荷和心理负荷，以促进学生身心全面协调地发展。贯彻和运用合理安排负荷原则的基本要求：

1. 根据教学目标、学生特点、教材性质等合理安排课程的生理负荷

新授课和复习课在安排生理负荷时应有不同的要求。学生的性别、年龄、健康状况有差别，而且教学比赛主要是比专项，不能适应专项比赛的训练，在比赛中是难以夺得桂冠的。在安排生理负荷时，要注意区别对待。不同性质的教材，应考虑它们对身体机能的不同作用和影响，做出科学安排。此外，学生的生活制度、营养条件和其他体力活动的负担，所在地区的气候因素及作业场所的环境条件等，在安排生理负荷时也应给予全面考虑。

2. 正确处理生理负荷的量和强度的关系

正确处理生理负荷的量和强度的关系，负荷量和负荷强度应互相配合，逐步增加。在体育教学中通常是先增加负荷量，待适应以后，再增加强度。在增加量时，强度宜适当下降。在强度再增加时，量则应适当减少，这样，量和强度交替的增加和下降，密切配合，才能使学生承担负荷能力逐步得到提高。

3. 正确处理生理负荷的表面数据和内部数据的关系

表面数据是指运动动作练习的量和强度。内部数据是指负荷量和强度所引起的一系列的生理、生化变化。生理负荷的表面数据与内部数据在通常的情况下是一致的。但因学生的体质强弱和身体训练水平不同，一定负荷的表面数据作用于不同的学生，可以产生不同的内部数据。因此，在分析生理负荷时，应把表面数据和内部数据结合起来，加以判断和评价。

4. 做好生理和心理负荷的测量、统计和分析工作

在评价体育课的质量时，既要安排生理负荷的测量，又要安排心理负荷的测量。以便从生理和心理两个方面进行全面的客观评价。同时，对负荷量的控制要有科学依据，把训练中的每一次练习、每一组的负荷都设计为尽可能适宜，并且使大学生训练效果达到最佳的限度。

二、体育运动训练原则

运动训练原则，虽有许多不同的解释和文字表述的方法，但其中一个共同的认识，就是运动训练过程客观规律的反映，是组织与进行训练工作必须遵循的准则，对一切训练过程具有普遍的指导意义。通俗地讲，教学中有训练因素，训练中有教学因素。教学和训练是在同一个过程中实现的。两者有着密不可分的关系。一般训练指提高的过程，而教学是指从不会到会的过程，科学的运动训练过程不能离开和违背教学原则。下文就一般训练与专项训练相结合的原则和区别对待原则进行分析与论述。

（一）一般训练与专项训练相结合原则

1. 为提高大学生的专项能力，遵循一般训练与专项训练相结合的原则

一般训练是指在运动训练中以多种多样的身体练习、方法和手段，提高大学生各器官系统的机能，全面发展大学生素质，改进身体形态，掌握一些非专项的运动技术和理论知识。从而打好身体基础，提高专项技术、战术及理论水平。在专项训练中，根据专项训练的特点，必须有先进的手段和明确的目的。比如对艺

术体操、球类、田径等技术较复杂的项目，应较多地选择发展灵巧、协调和柔韧性的练习手段。

2. 采用的训练内容、手段，主要完成的任务和所起的作用不同

两者的主要联系在于，一般训练为专项训练打下坚实的基础；专项训练创造优异的成绩。它们在训练过程中总的目标是一致的，但又相互促进、相互制约、不可分割，有时在训练实践中往往难以截然分开。

（1）促进各器官的互相作用

在运动训练过程中，运动负荷给有机体带来的刺激，使各器官系统产生的适应性变化也是相互联系、相互作用的。进行一般训练采用多种练习内容和手段，可补充专项训练的不足，促进身体各器官系统的全面提高，从而为大学生创造优异运动成绩打下良好的基础，保证专项训练的顺利进行。

（2）动作技能的相互转移

大学生掌握动作技能的实质是条件反射的形成，是在大脑皮质建立的一种暂时性神经联系，这种暂时性神经联系建立得越多、越牢固，越利于建立新的暂时性神经联系，也就是大学生掌握的动作技能越多、越牢固，学习掌握新的动作技能也就越快，越容易，尤其是在动作结构、性质相近似的一些练习中，更容易产生动作技能的积极转移作用。

（3）各运动素质的发展是相互影响、相互制约的

某一运动素质的发展对其他素质的发展会产生不同的影响，例如腿部力量差的大学生就会影响他速度素质的提高，这就要通过发展下肢力量去发展速度。而速度素质差的大学生，力量尤其是爆发力就能得到高水平的发展。而且专项素质的提高在某种限度上又有赖于一般素质的全面发展。

（4）一般训练对专项训练的调节作用

专项训练的内容和手段主要是专项运动的动作本身，只进行专项训练，特别是在训练中，反复进行专项练习比较枯燥，并容易产生机体的局部负担过重和中枢神经系统的疲劳，这在一些周期性项目，如跑、游泳、速度滑冰等的训练中尤其明显。而配以适当的一般训练内容，则能起到积极的调节作用，更好地提高专项训练的效果。

（二）区别对待原则

运动训练过程中，区别对待原则是指对于不同专项、不同的大学生、不同的训练状态、不同的训练任务及不同的训练条件都应该有区别地组织安排各自相应

的训练过程，选择相应的训练内容，给予相应的训练负荷。

1. 共性与个性和谐发展

各运动专项都有自己的决定因素及不同的发展规律，但各专项的特点又能反映出所有运动项目的共同规律。因此，在集体项目中，个人训练作为集体训练的补充不能忽视。例如：排球队中，某些队员扣球技术较差，而另一些队员，接发球到位率较低，在集体训练过程中，有针对性地安排必要的个人训练。安排个人训练要注意处理好与集体训练的关系。

2. 有的放矢，保证重点

高校课余运动训练，项目多、训练人数多，教练员相对较少。如田赛训练中的各小项都分布有不同年级、不同性别的大学生，一个教练员应付这种复杂的局面，可考虑平时训练多用小群组合，赛前重点考虑报名队员的训练。在径赛训练中，如：短跑取决于快速力量和步频，中长跑要的是速度耐力，马拉松跑要的是耐力。运动训练时，要根据自己的专项，如全程、半程、十公里等，来确定自己重点发展的专项素质。对于跑马拉松来说，最需要的是耐力，一个是腿部肌肉、关节坚持长时间运动的耐力，另一个就是心肺耐力。这两种耐力，相辅相成，互相影响互相制约，缺一不可。在训练中，要有针对性地对耐力不足的专项进行训练。对于腿部耐力不足的情况，可以通过要求时间的长距离跑、山地跑、越野跑来锻炼，控制跑时的心率和呼吸，要求尽量跑得时间长。对于心肺功能耐力可以用间歇跑、要求速度的山地跑和越野跑来进行强化，训练时要控制跑的速度，让心率尽量拉高。这两种训练方法也是互相渗透的，各有侧重点，长时间长距离的耐力跑，既能锻炼心肺功能，也能锻炼腿部肌肉耐力。不同项目的运动训练在不同课次或同一次课的先后部分，可将身体训练和技术训练穿插进行，一般来说，前期着重于身体训练，后期着重于技术训练。

三、分析高校体育教学和运动训练之间的不同

（一）体育教学和运动训练具有不同的概念界定

运动训练属于一种竞技体育，它是一种以最大限度激发大学生的体育潜力为基础，让大学生参加体育竞赛，获得优异成绩的过程。它体现的是一种竞争概念，是通过运动训练，激发大学生的运动潜力，战胜对手。运动训练包含三方面的意义，第一，是通过运动训练，使大学生取得最高成绩的活动；第二，运动训练需要在严格的竞赛制度和竞赛规则指导下进行；第三，运动训练过程中，大学生取

得最高运动成绩的过程也是其运动潜力最大限度得到激发的过程。而体育教学的概念就比较简单，它是高校教学的一个部分，是一种提高学生身体素质，提高学生理解力、想象力、自主学习能力的过程。进行体育教学的目的是为学生树立终身体育的观念，为学生传授基础的体育技能，进而增强学生的身体体质，促进学生身体健康发展。

（二）高校体育教学和运动训练具有不同的特征

运动训练的特征主要从三个方面体现，首先，运动训练使用的方法比较多，使用的仪器设备都具有专业性和科学性。借助专业的场地、体育器材进行训练，以最大限度激发大学生的运动潜力。运用高强度、高负荷的运动训练提高大学生成绩；然后，不同的运动项目具有不同的运动训练形式，其中涉及的比赛形式和比赛规则都会不同，这些不同就决定了训练方式的不同；最后，运动训练面对的仅仅是高校通过层层选拔选定的具有运动潜力的大学生。

体育教学的特征主要表现有三个方面，与运动训练截然不同。首先，体育教学面对的是全体学生，所有参与高校教学的学生都有权利参与体育教学，不同身体素质的学生通过体育教学，可以得到同等限度的身体锻炼；然后，体育教学具有全面性的特点。体育教学除了需要锻炼学生的身体，提高学生的身体素质之外，还需要为学生树立终身体育的意识，还需要借助体育教学，培养学生健康的心理，提高学生的思想道德素质等；最后，体育教学体现学生的主体性。通过多样的教学方式，学生成功从理论知识接收到体育实践进行转变。在体育实践中，学生的主体性得以体现，并在不断实践中形成体育意识和体育锻炼习惯。

（三）高校体育教学和运动训练的目标不同

运动训练的目标比较简单，就是通过运动训练，使大学生获得运动名次，不断突破自己，获得竞赛冠军。体育教学的教学目标则是让学生通过参与体育教学活动，进行强身健体，提高身体素养，获得美好的身心体验。由于两者的目标不同，组织的教学活动、采用的教学方式自然不同。运动训练相比体育教学，具有更高的教学要求，进行运动训练的大学生几乎都具备足够的身体素质，都拥有基本的体育技能。

四、分析高校体育教学和运动训练的相同之处

（一）体育教学和运动训练都是一个教育过程

尽管体育教学和运动训练具有很多不同的地方，但是从根本上讲，它们都是

一个教育过程，由教育者与被教育者互动的教育过程，在这个过程中，学生或者大学生是主体，教练或者教师发挥主导作用。针对运动训练，教练需要多方面考虑，制定科学合理的训练计划，体育教学则需要根据相关的教学目标和课程标准做好课程安排工作。

（二）体育教学和运动训练都对学生的身体健康非常重视

不管是体育教学还是运动训练，都十分注重培养学生健康的身体，都十分重视提高学生的身体素质。学生身体健康是体育教学的重要教学目标，学生身体健康是进行运动训练的基础，所以两者对学生身体健康都比较重视。

（三）高校体育教学和运动训练中的项目内容是具有共通性的

运动训练中涉及的项目很可能在体育教学中传播，运动训练中的项目也可能作为体育教学中的教学项目，例如田径。而体育教学中的项目体现出了人与人之间的差别，那么这种项目就可能成为运动训练中会涉及的项目。只有当体育活动单纯地体现人的健康培养的时候，才是单纯的体育教学。

（四）不管是高校体育教学还是运动训练都需要人体进行运动

运动训练，顾名思义，很显然是需要大学生在过程中进行运动的，运动训练就是一个高强度的运动过程。体育教学虽然与运动训练不同，但也需要学生积累一定的运动量。体育教学涉及理论教学和体育技能培养两个板块，学生接受体育理论知识，形成体育技能的过程，就是体育运动的过程。只有在不断运动，练习体育技能的情况下，学生的身体健康才有保障，学生的身体素质才能够提升。

五、高校体育教学和运动训练实现互补的有效策略

（一）借助运动训练手段，培养学生的自然素质

自然素质相比于其他素质，处于降低的素质结构层次，但是对其他素质形成发挥重要作用，自然素质中最重要的部分就是身体素质。借助体育教学，就是为了培养学生的身体素质，进而发展学生的自然素质。提高学生身体素质的重要手段就是要强化学生体质，增加训练强度。运动训练涉及更多专业的训练技能，在训练过程中运用科学的手段，在保证大学生不受损害的情况下，不断增加大学生的生理负荷，提高大学生的体育运动能力，从而在竞赛中有良好的表现，为我们展现出优美风景线。体育教学中，培养学生的身体素质，可以借助运动训练的手段，在必要的情况下，采取科学的训练手段，增加学生的运动负荷。学生只有具备一定的运动负荷量，才更有可能实现身体素质的提升，才能够更好地发展自然素质。

（二）体育教学和运动训练教学内容上的互补

运动训练主要是通过为大学生安排大量的运动来提升大学生的身体素质，强化大学生的项目技巧，运动训练偏向于反映机械运动的特点，对大学生来说，只能够在其中体会训练压力，很难从中感受到乐趣。体育教学的教学内容选择更简单、实用，更容易激发学生兴趣。因此，在运动训练中，也应该适当地引进体育教学理论，借鉴体育教学内容，丰富运动训练内容，提高大学生的训练兴趣，使大学生在高强度的训练中也能适当放松自己。另外，体育教学过程中，如果只是简单地以锻炼学生身体为主，不考虑其他教学目标也不行，还需要进行一定的体育项目训练，而这些体育项目训练又需要借助运动训练的相关技巧进行指导，又需要根据学生的体育学习情况，适当地增设运动训练内容，强化学生的身体锻炼。结合运动训练的教学内容和手段，更符合新时代下对体育教学提出的要求，更有利于学生形成良好的体育意识和身体素质。

（三）体育教学和运动训练的教学方式互补

体育教学相比于运动训练，更倾向于理论知识的传授，也就导致很多教学方法和教学理论没有办法通过实践进行验证，使得教学理论和教学方法失去指导意义。如果将体育教学中的相关教学理论和教学方法运用到运动训练中，在高强度的运动训练下，相关教学理论必然得以验证，多样的教学方法必然在运动训练中发挥作用。而运动训练中虽然缺乏教学方法，但是使用的教学方法都比较有效，都是在无数次实践中验证的教学方法，针对运动强度不大的体育教学，使用运动训练的教学方法指导体育教学中的某些项目训练，必然会带来满意的结果，必然不会因为过多进行教学实验，浪费教学时间。因此，体育教学和运动训练要想实现双赢，共同促进高校的体育工作发展，还需要从教学方法上进行互补。

综上所述，体育教学和运动训练作为高校体育工作中的重要组成成分，两者之间存在差异，也存在共通之处。两者之间都为提高学生身体素质，促进高校体育工作顺利进行发挥作用。高校需要针对校内运动训练和体育教学的异同进行分析，把握两者的特征，寻找教学共通之处，实现教学上的有效互补。不管是体育教学还是运动训练，它们之所以会成为高校体育教学工作中的重要部分，必然有其独特的意义，相关工作者必须在日常实践中，把握好体育教学和运动训练工作，相关教学人员应互相交流沟通，实现体育教学和运动训练上的共同完善。

第二节　高校体育教学与运动训练互动模式研究

体育教学与运动互动模式在很多高校中尚未实行，大多数高校只重视学生们的知识教育而忽略了青少年的身体健康素质。俗话说"身体是革命的本钱"，在如今社会发展过程中，知识固然重要，但身体素质更不能忽视。试想一个国家的青少年只有满腹经纶，却没有一个强壮的身体，那么国家怎能快速地发展。"少年强，则国强"，这里的少年强是指青少年必须具备知识、能力、健康的身体去守卫国家，发展国家。

一、体育教学与运动训练互动模式

（一）高校应当对体育设施进行全面的建设

体育教学在教学任务中是很重要的一部分，体育教学的好坏直接影响到一所高校的整个教学活动的开展，同时一所高校的发展也是离不开体育活动的开展。我国很注重青少年的全面发展，而青少年也处于身体成长阶段，所以高校应当重视起来。有些高校对体育教学的忽视，在体育设施方面投入得很少，所以，为了青少年的全面发展应当从体育设施方面加强建设。而体育设施的建设也需要大量的资金，高校可以通过国家的资金支持，同时也可与社会相关体育企业进行合作。与此同时，还可以为体育企业输送优秀的体育人才。高校体育设施的建设当然也需要政府的支持，政府不但要支持还要监督高校是否把资金投入到体育建设上，同时还要杜绝高校在体育设施上乱收费。如果出现乱收费情况会严重地影响到学生们的积极性，这就与初衷相悖。

（二）体育教学应当与运动训练相结合

虽然两者的方式不一样，但是在实施过程中缺一不可。体育教学是给学生传授理论知识，让他们了解到体育训练的重要性以及体育项目方面的相关知识。体育训练应当坚持理论与实践相结合。因为，实践要通过理论来指导，理论通过实践来实现，只有二者相结合才能达到好的效果，才能更好地发展体育精神。运动训练可以通过开设篮球、足球、排球、健美操等项目对学生进行体能训练。同时高校应当增加体育方面的师资力量和严格要求学生的运动训练。可以通过学分来要求学生，这样既可对他们起到监督的作用，同时还可以严格要求学生养成体育运动的好习惯。

（三）增强学生的体育意识

一切为了学生，那么应当如何提升学生的身体素质极为重要。首要的方法就是要加强学生们的体育运动意识。首先高校应当为学生制定一个完善的体育课程教学计划。教师在对学生素质的培养过程中，要善于创新，通过新颖的方式激发学生积极主动地参与进来。很多高校会有体育特训生，而且这些体训生都是带着目的性去争夺利益赢得奖励，这就导致非体训生的积极性受挫，这就需要老师以合理、高效、健康的方式去引导学生树立正确的体育观念。秉承教师要对学生的健康发展负责，促使学生们养成良好的体育锻炼的习惯。高校可以通过举办运动会、社团活动等方式增强学生体育锻炼意识。

二、体育教学同运动训练互动发展

体育教学同运动训练互动发展的前提条件是建立互动发展的理念。随着社会对青少年的发展要求，强壮的身体是步入社会的前提条件。高校应当在教师中和学生中建立互动发展的理念。首先，教师对于学生来说是执行者、实施者和组织者，教师的一举一动能对学生产生影响，所以教师要树立二者互动发展的理念才能更好地带动学生。其次，高校是围绕学生开展教学计划的，所以要培养学生的体育理念，让他们明白两者之间的关系。学会把两者结合起来共同发展继承体育精神。

综上所述，高校在对青少年的培养过程中，既要注重学生的文化教育，也要重视学生的身体素质的训练。通过体育教学和运动训练互动模式来增强青少年对体育运动的积极性。同时高校应该采取科学、合理的教学手段促使学生全面发展，使得身体素质和学习能力均得到提升。最终，全面推进体育教学和运动训练模式，使高校体育教学水平得到提高。

第三节　高校运动训练专业学生"体教结合"培养模式

一、运动训练专业实施"体教结合"培养模式的基础

由于运动训练专业招生过程中生源地不同，入学后这些学生又分为"大学生学生"和"学生大学生"。"大学生学生"是指第一身份是专业大学生又有学籍的学生。他们从小被选进专业队，脱离学校进行专门的运动训练，一般具有较高的运动技术等级，并以此为职业（拿工资）。其特征是文化学习不系统，学习过程有长期的间断或连续性较差，实际文化程度与在普通高校接受教育的同龄学生相比差距较大。"学生大学生"是指第一身份是普通中学和大学的学生、一直参加训练竞赛的大学生。他们首先是学生，其次才是大学生。学生大学生的基本特征是，相对于"大学生学生"而言运动技术等级偏低，他们在高校不间断地进行系统的文化学习，而且能达到所在高校对学生在学业上的基本要求。运动训练专业学生群体的这一特殊性，是体育部门和教育部门结合进而实施"体教结合"培养模式的基础。

二、实施"横向合作"和"纵向发展"相结合的"体教结合"模式

当前运动训练专业学生的培养应坚持"体教结合"模式，采用"横向合作"和"纵向发展"相结合的培养模式。所谓"横向合作"即教育系统应加强与体育系统的全面、深度合作，实行联合培养机制，加强沟通了解，明确职责分工，共同制定培养计划，合理安排训练比赛和学习时间，通过常设联络员进行沟通、派遣教师授课和大学生学生到校集中学习等方式，突出解决管理障碍、学训矛盾和教学安排等难题。而"纵向发展"是指教育系统应该运用自身的资源优势，通过体育部门和教育部门师资定期互换交流，加强在体育部门的实习实训基地建设，改革培养体系，改良培养方法，加大资金支持力度和加强场馆设施建设等，继续发展学生大学生的竞技体育能力、提高学生的竞技体育水平和文化水平。通过"横向合作"和"纵向发展"相结合，实现高水平竞技体育人才的联合培养和独立培

养兼容，校内培养和校外培训互补、文化学习和竞技训练协同等方式，拓宽运动训练专业高水平竞技体育人才的培养思路。

三、运动训练专业学生"体教结合"培养模式的具体措施

（一）运动训练专业学生培养目标的合理定位

"体教结合"的培养模式必须以正确的人才培养目标定位为前提。当前以培养教练员和专项教师为目标的单一目标体系已经不能适应社会对人才多样化的需求，而以培养体育专门人才和复合型人才为目标的多目标体系以及以培养高级专门人才为目标的高目标体系却又因为运动训练专业学生的生源质量无从保证而落空。为此，高校探索"体教结合"的培养模式，客体上高校应提供"体""教"结合的土壤，将既有高级别运动等级又有一定文化素养的大学生学生培养成高级专门人才作为目标，做到运动训练水平和文化教育同步提高和发展；主体上高校应提供既"体"又"教"的培养空间，将不同文化层次和竞技水平的学生大学生培养成竞技体育专门人才和复合型人才为目标，做到分层次设置培养目标，使高校成为既能实现联合培养又能实施独立培养的综合性人才培养基地。

（二）加强合作，优势互补，全面实施"体教结合"培养模式

在"体教结合"教学模式中，体育系统优势主要在于训练、比赛经验丰富，对大学生运动成绩提高和经验积累具有重要作用。而教育系统，具有浓厚的学习文化知识氛围、系统的知识体系和丰富的学习资源等优势，能为大学生学生获得较强的专业理论知识提供客观条件。因此，在当前阶段，体育系统和教育系统在"体教结合"教育模式中都应该发挥各自作用，加强合作，实现优势互补，从而实现"体教结合"这一教学模式目标。为此，在提出的体育系统和教育系统"横向合作"的思路中，首先，高校要建立与体育系统大学生主管部门的"链条"机制，加强各个环节的沟通合作。如共同参与制订大学生的培养方案，合理设计大学生学生专业训练和理论学习时间，避免出现训练和学习时间的冲突，而使得训练和学习时间相互牵扯，各自时间都无法保证的情况。其次，在对大学生学生进行成绩评价方面，设立切实可行的大学生成绩考评体系，规划设计"体教结合"紧密的综合性考评手册，走出单纯以运动成绩考评或单纯以文化成绩考评学生的模式，建立灵活、可行的评价体系；如在学业完成达标标准方面，实行学分制的方式对学生进行考核。当然，这其中涉及具体问题需要具体考虑。因为大学生学生在一定时间段中，可能会因训练比赛等情况而导致文化学习的落后，这就需要给予他

们灵活的学习方式和考核时间。最后，在理论学习组织形式上，应该灵活多样，充分考虑学生自身文化素质情况和他们丰富的训练和比赛经验。把理论文化知识融入实践当中去，从而便于学生大学生接受学习，以促进自身综合素质的提高。

从"纵向发展"的思路出发，首先要根据生源地项目特点制定分级、分层、分专业的多样化培养目标，始终遵循竞技体育人才运动训练和文化教育两方面的规律，注重学生思想道德素质的培养，充分利用高校良好的育人环境，培养既有文化素养、又有高水平运动成绩的综合性人才。总之，要充分利用高校教学、科研等方面的优势，建立适合高校办学特色的运动训练专业高水平学生大学生"体教结合"的培养模式。

（三）整合资源，合理布局，优化教练队伍，不断改善办学条件

"横向合作"和"纵向发展"相结合的"体教结合"培养模式强调的是合作培养和独立培养相结合。因此，在横向合作培养方面，要拓宽运动训练专业大学生学生的培养途径，最大限度发挥体育系统和教育系统的资源优势，形成多层次奖励、资助机制，如高校可以考虑对在一线负责大学生训练的教练员和文化课教师给予一定的课时补贴，对取得优异成绩的学生大学生及教练员给予适当的物质和精神奖励，当然作为回报，大学生取得优异成绩的同时，应该为提升高校在社会上的知名度和影响力而尽一份义务。对于纵向发展方面，要积极动员高校领导，加强内部资源的有效利用，对运动项目进行合理布局，培训与引进高水平的师资队伍相结合，加大资金投入力度，不断改善办学条件，充分调动教师和学生大学生的积极性和创造性，将学生大学生专项技能的提高作为培养的基础，为探索适应高校运动训练专业的"体教结合"培养模式创造条件。

（四）重视"学训"矛盾，合理规划，加强管理

加大对于长期困扰体教结合的学训矛盾的研究，并且努力解决这对矛盾。学训矛盾不仅仅是"大学生学生"文化学习与训练之间的矛盾，而且还有"学生大学生"专项训练和文化学习之间的矛盾。通过实践探索，优化现有的培养体制，提高学生的"学训结合"效果，使体育部门和教育部门有效融合后所培养的人才适应社会需求。加强对大学生的日常生活管理、训练管理、文化学习管理及考试考评管理，强调多部门"链条"衔接、统筹运转，既承认单个部门单独培养的成果，又注重两个部门联合培养的效果，形成两个部门学生管理方面的有效结合机制。在这当中，可以充分利用现代多媒体教学手段和网络对大学生学生文化知识教育，以尽可能解决大学生学生在训练比赛时间和文化学习时间相互冲突。当然，

仅仅这样是不够的，还需要大学生学生所在专业队相关负责人和高校之间形成有效配合机制，以保证上述学习模式落到实处。此外，如果条件允许，可以加强两个部门的经验交流，互派专业教师或者教练员上门指导，从而确保学生的训练和学习效果。

（五）以人为本、统筹兼顾，加强"体教结合"培养模式的研究力度

应紧紧围绕"体教结合"内涵，运用以人为本、统筹兼顾的科学发展观审视其目的、意义、体系、内涵、培养模式等。加强运动训练专业学生入学资格管理，以严把"进口"关为基点，有计划地逐步提高学生文化课入学标准和专项技术标准。建立科学的目标导向，强化文化教育管理，建立"学训兼容"的培养机制，尝试校内培养和校外培养结合的模式，从真正意义上做到体教融合，逐步走向体教结合的理想目标，实现竞技体育回归教育，教育效果不断优化。

总之，运动训练专业培养的学生，既是高校竞技体育运动的宝贵资源，又是国家竞技体育人才的来源。因此，体育系统和教育系统应共同参与学生培养方案的制定，高校应根据现实条件制定分级别、分层次、分专业的多样化培养目标，以"体教结合"培养模式为基础，采用"横向合作"和"纵向发展"相结合的思路，整合体育系统和教育系统的资源优势，实现优势互补、资源共享。当然，当前"体教结合"培养竞技体育人才的模式固然存在问题，但是我们相信，只要通过不断的深化改革、广泛地开展研究，并不断地进行实践探索，"体教结合"培养模式必将会发挥培养人才的效能。

第四节 高校运动训练和体育教学的协调发展模式

一、高校运动训练与体育教学的概念

在体育教学过程中，运动训练是将其教学内容进行展示的一种有效方法和途径，通过学员和教练双方互动和相互交流，实现提升学生运动能力和素质的目的。体育教学不仅是为了完成相关的教学任务，同时也是一种比较普遍的工作状态，在其工作过程中，教学工作者有特定的任务和指标，有一定的计划目的和组织性，有专门的使用技巧和方法。运动训练的最终目的，是针对学生的自身心智、自身身体素质以及相关的运动技巧进行训练。

二、高校运动训练与体育教学的差异性和共同点

（一）运动训练和体育教学在形式和内容上的相互联系

从二者的内容上进行分析和研究，可以发现其都是以体育学科作为基础，进而开展的一系列活动和教学过程。不论是在运动训练过程中，还是体育教学过程中，两者都是相互补充、相互融合进行发展的。另外，两者在教学器材和场地方面的要求都十分严格，并且学生最终取得的成效也都是通过相应的考核成绩加以评定的。

（二）运动训练和体育教学之间的不同

运动训练是对学生的专项练习，学生通过运动训练参加各类型的比赛，而如果想要在比赛中取得良好的成绩，在训练过程中要求就会比较严格，因此运动训练也具有较强的目的性和针对性，并且主要针对的都是专业人才或大学生；从体育教学角度来看，只是教育工作者通过多角度、全方位的教学方法，指导学生进行体育练习，并教授学生相关的运动知识，学生在学习的过程中会相对轻松。

（三）运动训练和体育教学的目的和任务

从长远角度进行分析，两者在各自的教学阶段必须将各自的方针掌握好。在体育教学中，学生通过教师的讲解和指导，能够进行简单的运动，并掌握多种体育技能，使自身在某一项运动上可以有进一步提高。不仅如此，学生通过长时间的体育运动，可以提升自身的综合素质，在心理和身体上都能得到一定限度的放松。运动训练则不同，它的目的和任务是通过长时间的专业性练习，使学生的运动水平进一步提高，增强专业能力，以此让学生在参加体育竞技时能够取得更好的成绩，可见，体育教学和运动训练的最终目的是不一样的。

三、高校体育教学和运动训练协调发展的措施

（一）提高高校重视限度，加强相应管理措施

要想使高校的运动训练和体育教学实现协调发展，高校必须提高对此项工作的关注和重视程度。首先，在高校的管理层面，管理人员应该对体育教育有正确认知，充分认识到其重要性；其次，还要加强高校内部其他教职员工的思想观念教育，通过在整个高校教学层面形成全员管理，将体育教学与运动训练的协调发展概念融入，进而让全校师生能够认识到运动训练和体育教学协调发展的重要性。

（二）优化教学方法，合理开展体育运动

学生在学习知识的过程中，还应该注重实践和理论知识的结合。在传统的高校体育教学中，主要以理论讲授为主，不能将学生们真正的运动需求和兴趣考虑在内。而随着时间变长，体育教学没有足够的吸引力，教师不能将其具有的趣味和优势发挥出来，这也就让很多学生失去了对体育运动的积极性和兴趣。想要将这种情况改善，让学生重新提高对体育运动的兴趣，体育教师就应该改善传统的教学方法，通过一些有挑战性的体育训练项目让学生们集中注意力，还可以通过有趣的活动进一步激发学生们的体育学习兴趣，使其真正参与进教师的教学中来。还可以举办不同系列、不同年级之间的友谊比赛，不仅可以激发学生们参加体育运动的主动性和热情，还能加强学生之间的相互合作。与此同时，教师应该与学生进行充分、积极的沟通，尽量满足学生的需求，提升其主动性。这也是协调运动训练和体育教学的基础。

（三）加强师资队伍建设，提高学生安全意识

体育教师的综合素质在体育教学中无疑是非常重要的。想要将体育教学的效果进一步提升，就必须培养体育教师的整体素养。体育教师不仅要足够了解运动训练和体育教学，也能结合相关的安全标准，制定出符合实际的教学目标。在教学过程中，体育教师不仅是一个教授者，也是一个引导者，通过对学生的充分引导，帮助学生掌握相关运动训练动作的重点，并告知学生们可能发生危险的行为和动作，确保学生能够在十分安全的环境中进行各种体育活动和运动训练。此外，体育教师还应该教会学生们处理一些身体损伤或其他紧急状况的方法，提高学生面对危险时的处理能力。

在进行运动训练和体育教学时，学生应该重视安全。从实际情况来说，如果学生们拥有足够的安全意识，那么在体育运动过程中，可能发生危险事件的概率也会大大降低。想要实现这个目的，就要求在进行体育教学和运动训练之前，举办有关安全意识的教育活动，在教师的教学过程中，也要将安全放在首位，进而优化体育教学活动。不仅如此，高校也应该制定相关的安全规章制度，指导学生对安全风险进行防范。

第七章 现代高校体育科学化运动训练及训练管理

第一节 高校体育科学化运动训练的基础

一、运动训练的范围

大学生通过系统、集中的训练以完成特定的目标。训练的目的是提高大学生的竞技能力，从而提升运动成绩。训练是一项系统工程，会涉及到生理学、心理学及社会学的诸多变量。在此期间，训练要遵循序渐进、区别对待等基本原则。整个训练过程中，大学生的生理和心理素质得以塑造，从而满足一些严格的任务要求。

不管是初学者还是大学生，至关重要的一点是制定切实可行的训练目标。训练目标要根据个人能力、心理特征和社会环境来设计。有些大学生是为了赢得比赛或提高成绩，有些大学生则是追求获得运动技能或进一步提高生物动作能力。不论目标如何，都应尽可能地精确及可测量。不论是短期计划还是长期计划，在训练开始之前就应设定好，并且明确实现目标过程的具体细节。而完成这些目标的最终时刻，往往是一次重大的比赛。

二、运动训练的目标

训练是大学生为了达到最佳竞技状态的准备过程。通过制定系统的训练计划，可使教练员的训练工作更有效率，而设计训练计划需要借鉴各门学科的知识。

训练过程是以发展专项特征为目标，这些特征与完成不同的训练任务紧密相关，包括全面身体发展、专项身体发展、技术能力、战术能力、心理因素、健康管理、伤病预防以及相关理论知识。要想获得上述能力，需要根据大学生的年龄、经验和天赋，运用个性化、适宜的方法和手段。

（一）全面身体发展

也称为一般身体素质，是所有体育运动训练的基础。一般身体素质发展的目的是改善基本的身体能力，如耐力、力量、速度、柔韧和协调。大学生全面身体发展的基础越扎实，就越能经受住专项训练，最终可能发挥出更大的运动潜力。

（二）专项身体发展

也称为专项身体素质，是为了发展专项运动所需要的生理或身体素质特征。这种训练类型是为了实现运动的一些特定需要，如力量、技能、耐力、速度和柔韧性。不过，许多运动项目需要各种关键运动能力的组合，如速度—力量、力量—耐力或速度—耐力。

（三）技术能力

这种训练强调以发展技术能力为核心，技术能力是获得体育运动项目成功所必需的条件。提高技术能力是以全面和专项身体发展为基础的，例如完成体操十字支撑动作的能力，要受到生物动作能力中力量因素的制约。针对发展技术能力训练的最终目的是在于完善技术动作，优化专项运动技能，专项运动技能是展现最佳竞技状态所必需的。发展技术能力应当在正常和特殊状况（如天气、噪音等）下进行，并且始终要围绕完善运动项目所必需的专项技能而进行。

（四）战术能力

发展战术能力对于训练过程也是极为重要的。战术能力训练的目的是完善比赛策略，该项训练要以竞争对手的战术研究为基础。具体来讲，这种训练的目的是利用大学生的技术和身体能力来制定比赛战术，增加比赛获胜的概率。

（五）心理素质

心理准备也是确保发挥最佳体能所必需的要素。专家也称之为个性发展训练。不管术语如何称谓，发展心理素质（例如自制力、勇气、毅力和自信）对于成功展现运动能力是必不可少的。

（六）健康保养

对大学生的健康状况应当充分重视。健康保养可以通过定期健康检查和适当的训练安排来实现，其中适当的训练安排包括将大量艰苦训练和阶段性的休息恢复搭配进行。必须特别注意伤病和疾病，在训练过程中应给予重点考虑。

（七）伤病预防

预防损伤的最佳方式是确保大学生已经提高了身体能力，形成了参加严格训练和比赛所必需的生理特性，并确保进行适量训练。安排不当的训练包括负荷过大，这将会增加受伤的风险。对于年轻大学生来说，以全面发展身体为目标是极为重要的，因为这样可以提高生物动作能力从而有助于降低受伤的可能性。此外，疲劳控制也尤为重要，越是疲劳，发生受伤的概率就越大。因此，应当充分重视制定一个控制疲劳的训练计划。

（八）理论知识

应当在训练过程中充实大学生有关训练、计划、营养和能量再生等方面的生理学和心理学知识。大学生理解进行某种训练活动的原因非常重要，教练员可以针对各项训练计划的目标进行讨论或要求大学生参加关于训练的座谈会议来达到这一目的。让大学生具备关于训练过程和运动项目理论的知识可以提高大学生决策能力以及增加其对训练过程的关注，这样可以让教练员和大学生更好地制定出训练目标。

三、运动训练系统

系统是指将某些观点、理论或假说采用正确的方法和手段加以组合的组织方式。一个系统的发展应该基于科学成果及实践经验的积累。虽然一个系统在自身独立前会依附于其他的系统，但该系统不应被一成不变地移植。而且创造或完善一个更好的系统必须考虑到实际的社会和文化背景。

（一）揭示系统的构成要素

构成要素是训练系统发展的核心，这可以从训练理论和方法的有关基本知识、科学成果、本国优秀教练员的经验积累以及其他国家的前车之鉴中提炼和总结。

（二）明确系统的组织结构

确定了决定训练系统成功与否的核心要素后，就可以建立现实的训练系统了，而短期的和长期的训练模式也应当随之建立。该系统应当能为所有教练员共享，但也应当保持足够的灵活性，以便教练员能够根据他们自身的经验进行下一步的丰富与完善。

体育科研工作者对于建立训练系统起着十分重要的作用。体育科学研究，尤其是应用领域的研究所提供的成果，丰富了训练系统赖以不断发展和完善的知识基础。此外，体育科研工作者的工作还能有益于完善大学生的监测计划和选材计划、建立训练理论以及完善疲劳和压力处理方法等等。尽管体育科学对于训练系统的重要性是显而易见的，但这门分支科学并未在全世界受到足够的重视。

（三）验证系统的效能或作用

一旦启动训练系统，就应当经常对其进行评估。训练系统有效性的评估可通过多种方式进行。验证训练系统效果的最简单的评估方法是该系统带来了实际运动成绩的提高，也可使用更为复杂的评估方法，包括对生理适应的直接测量，例如荷尔蒙或细胞信号传导的适应。此外，力学评估方法可用于定量地测定训练系统的工作效率，例如最大无氧功率、最大有氧功率、最大力量以及力量增长率峰值的评估。体育科研工作者在此领域中起着极为重要的作用，他们运用自己的专业知识来评价大学生，并对训练系统效率的提升提出独到的见解。如果训练系统并非最佳，那么训练团队可以重新进行评价并进一步改进系统。

总体来说，训练系统的质量依赖于直接和支持因素。直接因素包括那些与训练和评价相关的因素，而支持因素与管理水平、经济条件、专业化能力和生活方式相关。每一个因素对于整个训练系统的成功都发挥着重要作用，但直接因素的作用更为重要。直接因素的重要性进一步强调了这一观点：体育科研工作者为高质量训练系统的发展和完善做出了重大贡献。

高质量训练系统对于达到最佳竞技状态是必不可少的。训练的质量不仅取决于教练员，还取决于许多因素的相互作用，这些因素会影响到大学生的训练成绩。因此，所有会影响训练质量的因素都需要进行有效的落实和不断的评估，必要时进行调整，以满足当代体育运动不断变化发展的需求。

四、运动训练的适应

训练是一个有组织的过程，它使身体和心理都在不断地接受各种负荷量和强度的刺激。大学生适应和调整训练与比赛负荷的能力，同生物物种适应其所生存的环境一样重要——适者生存！对于大学生来说，如果无法适应不断变化的训练负荷与训练及比赛带来的刺激，将会导致疲劳、训练过量甚至过度训练。在这种情况下，大学生无法完成既定的训练目标。

高水平竞技能力是多年精心筹划、系统而富于挑战性的训练结果。在此期间，大学生不断调整自身的生理机能以适应专项运动的特殊要求。大学生对训练过程的适应程度越高，就越能发挥出高水平的运动潜力。因此，任何组织严密的训练计划，其目标都是为了促进适应，从而提高运动成绩。只有大学生遵循以下顺序，才有可能提高运动成绩：

增加刺激（负荷）→适应→训练成绩提高

如果负荷总是处于同一水平，那么适应在训练的早期就会出现，随之而来的是一个再没有任何进步的高原期（停滞期）。

刺激不足→稳定平台→训练效果提高不明显，如果刺激过度或刺激过于繁杂，大学生将无法适应，发生适应不良现象：过度刺激→不适应→运动成绩降低。

因此，训练的目标是逐步地、系统地增加训练刺激（训练强度、训练负荷量和训练频率）以得到较高的适应，从而提高运动成绩。这些训练刺激的变化是指训练要素的改变，以使大学生对训练计划的适应最大化。

第二节 高校体育科学化运动训练的原则

运动训练原则，是运动训练过程客观规律的反映，遵循训练原则就是遵循训练过程的客观规律，在很大程度上反映了训练的科学化水平；违背训练原则就是违背训练过程的客观规律，训练就是不科学的。运动训练原则对训练实践的重要指导作用也主要表现于此。因而实施科学化训练，就必须遵循运动训练原则，贯彻训练原则是科学化训练的最重要的体现。

一、一般训练与专项训练相结合的原则

一般训练与专项训练相结合的原则就是指在运动训练过程中，要根据运动项目的特点、大学生的水平和不同训练时间、阶段任务，恰当地安排两者的训练比重。

一般训练和专项训练两者在内容、手段以及所起的作用方面是不同的，但其目的是一致的，都是为了提高大学生的专项运动成绩。对青少年来说，在训练的基础阶段，离开一般训练，过多采取专项训练的内容和手段，对今后的发展是不利的，重要的是如何按不同水平和层次的大学生的实际情况，在训练过程的不同时期和阶段，恰当地安排好一般训练与专项训练两者的比重。

二、系统的不间断性原则

系统的不间断性原则是指从初期训练到出现优异运动成绩，以及保持和继续提高，直至运动寿命的终结，都应系统地、不间断地训练。

三、周期性原则

运动训练过程的周期一般分为：多年训练周期（4～8年），训练大周期（0.5～1年），中周期（4～8周），小周期（4～10天），训练课（1.5～4小时），并以此制定各种训练计划。

每个训练周期是由准备期、竞赛期和休整期三个相互紧密衔接的时期所组成。每个时期都有其各自的主要任务、内容、负荷的安排、手段和方法。

就运动项目的特点而言，各运动项目对大学生机体能力有不同的要求，而且赛季的安排也不尽相同，如体能类的耐力性项目，准备性训练和比赛都要消耗巨大的体能，并且需要恢复的时间相对较长，因而全年大周期就相对较少；而一些技能类表现性项目和对抗性项目，尤其是球类，相对来说竞赛安排较多，赛季也长，全年训练大周期就多一些，多采用多周期（如双周期）制，或者竞赛期安排的时间较长，此外冬季运动项目如滑雪、滑冰等，受季节的影响，一般也只安排1～2个大周期。

在现代运动训练中有的项目的优秀大学生年度中参加重大比赛的次数较多，并要求多次创造优异运动成绩，因此有的研究提出多周期的安排，这在优秀大学生的训练中是需要进一步通过实践和科学研究加以探讨的。

四、区别对待原则

区别对待原则是指在运动训练过程中，要根据大学生的个人特点，有针对性地确定训练任务，选择方法、手段和安排运动负荷。区别对待原则中所指的个人特点，包括大学生的年龄、性别、文化水平、身体条件、承担负荷的能力、技术、战术水平和心理素质等各个方面；确定训练任务，包括从训练课直到全年或多年训练期望达到的目标和具体任务。

第三节　高校体育科学化运动训练的要素

一、训练量

训练量是训练的主要组成部分之一,因为它是实现高水平技术、战术和身体素质的先决条件。训练量有时被错误地认为仅仅是指训练的持续时间,但实际上它包含以下部分:

第一,训练时间或持续训练的时间。

第二,行进的总距离或抗阻训练的总重量(即:训练负荷＝组数×重复次数×重量)。

第三,大学生在规定时间内完成一项练习或技术动作的重复次数。

训练量的定义可以简单理解为:训练中完成活动的总量。训练量也可以被看作是一次训练课或一个训练阶段完成训练的总量。训练总量必须是量化的指标,具有可监控性。

训练量的准确计算依运动项目或活动类型而异。在耐力运动项目中(如跑步、自行车、皮划艇、越野滑雪及赛艇运动)确定训练量的单位是训练经过的距离;在举重或抗阻训练中,采用公斤或吨位制(训练负荷＝组数×重复次数×重量)作为衡量训练量,这是因为仅考虑重复次数不能合理地评价大学生完成的训练任务。重复次数也可以用来推算运动中的训练量,如:快速伸缩复合式训练或棒球、田径等运动中的投掷动作。几乎所有的运动都会包含时间要素,但训练量的正确表达形式应该囊括时间和距离两个要素(如60分钟跑12千米)。

训练量的计算方法按照时间要素可以划分为以下两种。第一种是相对训练量,指一次训练课或训练阶段中一组大学生或运动队训练时间的总数。相对训练量不适用于计算单个大学生的训练量,因为无法得知单位时间内某一位大学生的训练量。另一种更好地衡量单个大学生训练量的方式是绝对训练量,它是指大学生个体在单位时间内完成训练任务的总量。

在大学生的职业生涯中,要不断增加训练量。随着大学生训练时间的增多,训练量的增加是大学生产生生理适应并提高运动成绩的前提。将初学者与高水平大学生进行比较后明显发现,高水平大学生能承受更大的训练量。随着时间的推移，训练量的增加对从事有氧运动、力量与功率项目、团队项目的大学生的发展具有重要的作用。同样，还需要增加技术和战术技能的训练，因为提高运动成绩需要进行大量的重复练习。

增加大学生训练量的方法有许多，以下是3种常见的有效方法：
①增加训练的密度（即训练的频率）。
②增加训练课中的负荷。
③同时增加训练的密度和负荷。

只要不引起过度训练，在训练中尽可能多地增加训练次数非常重要。增加每天训练课的次数同样有益于大学生的生理性适应。对于优秀大学生来说，每周进行6~12节训练课，每个训练日又包含多节训练小课是常见的。大学生的恢复能力是制定训练计划中运动量大小的主要决定因素。它决定了在训练计划中制定多少训练量。高水平大学生之所以能承受大的运动量，是因为他们能够更快地从训练负荷中恢复过来。

二、训练强度

训练强度是对大学生完成高质量训练的另一个重要训练因素。强度是神经肌肉激活的函数，训练强度越大（如更大的功率输出，更大的外部负荷）需要更多的神经肌肉被激活。神经肌肉激活模式取决于以下四个要素：外部负荷、运动速度、疲劳程度及所从事的训练类型。另一个要考虑的因素是训练时的心理紧张程度。就训练的心理方面而言，哪怕是出现低水平的身体紧张，也会造成训练强度极大提高，从而导致注意力的分散和心理压力的产生。

训练强度的量化方式根据训练类型和运动项目而定。速度训练通常用米/秒、次/分或功率输出（瓦特）来进行量化评定。在抗阻训练中，训练强度一般以公斤为单位、克服重力每米举起的重量（千克/米）或功率输出（瓦特）来量化。在团队项目中，训练强度通常用平均心率、无氧阈心率或最大心率的百分比来进行量化评定。

在年度训练计划的各个不同阶段中应包括不同的训练强度，特别是在小周期阶段。可以采用多种方法来量化和确定训练强度。例如，抗阻练习或高速度练习的训练强度可用最佳运动成绩的百分比来量化。这种方法认为最佳成绩意味着最大运动强度。再比如，一名大学生在10秒内完成100米冲刺，其速度则是1米/秒。如果这名大学生能以更快的速度跑完更短的距离（如10.2米/秒），其训练强度则被认为是超最大强度，因为它已经超越了100%的最快速度。

表7-1 速度力量练习的强度等级

训练强度等级区	最大运动能力百分比	强度
6	>100	超大
5	90～100	最大
4	80～90	大
3	70～80	中等
2	50～70	低
1	<50	非常低

在表7-1显示的强度分级中，用大于最大负荷的105%的阻力负荷完成的训练很有可能是等长运动或离心运动，因此这种训练强度被视为超最大强度。在耐力训练中（如5000米～10000米），大学生可以用更快的速度跑完稍短的距离，因此可以使训练强度达到实际比赛中平均速度的125%。

高强度训练虽然能取得很大的进步，但产生的适应较不稳定。稳定性越低，越容易产生过度训练和运动成绩的稳定平台现象。相反，低强度的训练负荷会使进步缓慢且生理适应的刺激较小，但整个过程却更稳定。训练计划应该系统地改变训练量及训练强度以达到最佳生理适应。

训练强度可划分为两种类型：绝对训练强度，是指完成训练所需的最大百分比；相对训练强度，是用来量化一节训练课或一个小周期的训练强度，即训练期完成的训练量总和及绝对训练强度。

三、训练密度

训练密度是单位时间内大学生接受训练课的频率。训练密度可表现出单位时间内训练与恢复的关系。因此训练密度越大，训练阶段间的恢复时间就越少。随着训练密度的增加，大学生和教练员必须建立训练与休息的平衡，从而避免引起过度疲劳或力竭，因为这些都会导致过度训练。

量化多次训练课（例如，在一个训练日或小周期）所需的最佳时间量非常困难，因为许多因素会影响大学生的恢复速度。在下一次训练课开始之前，本次训练课的训练强度和训练量对确定所需的时间量起主要作用。训练课的负荷（即训练强度和训练量）越大，所需的恢复时间就越长。此外，大学生的训练状况、实际年龄、使用的营养干预及恢复干预都会影响到大学生的恢复能力。在下一次训练开始之前，不需要从上一次中完全恢复，一般通过增加训练密度，并在训练日或小周期中运用不同负荷的训练课来促进恢复。

在耐力训练或间隔训练中，通常有两种安排"训练—休息"间隔的适宜方法：①固定的训练—恢复比率；②恢复的持续时间，能使心率恢复到预设的最大心率百分比。

（一）固定的训练—恢复比率

部分研究人员在研究间隔训练时运用了这一方法，通过控制训练—休息的间隔，教练员和大学生能够制定出发展特定生物能量适应的训练计划。用 1∶1 或 2∶1 的训练—休息比率来发展耐力项目的特征，而把 1∶12 或 1∶20 的训练—休息比率来发展力量和功率性项目的特征。

（二）预设心率

决定恢复期时间长短的另一种方法是，在下一次训练开始前确定必须达到的心率。方法一，为下一次训练的开始设定心率范围（120~130次/分）；方法二，设定恢复时间，即大学生的心率恢复到最大值的65%所需的时间。

四、复杂性

复杂性指一项技能的完善程度及生物力学难度。在训练时，技术越复杂就越会增加训练强度。与掌握基本技能相比。学习一项复杂的技能可能需要更多的训练，尤其当大学生神经肌肉协调性差或在学习技能的过程中精力不完全集中时。让之前没有复杂技术训练经历的一群人参加该项训练，可以迅速地分辨出哪些大学生表现好，哪些大学生表现差。因此，运动或技能越复杂，大学生的个体差异与力学效率差别就越大。

五、总体需求指数

训练量、训练强度、训练密度及复杂性都会影响训练中大学生的总需求。虽然这些因素相辅相成，但加强其中任何一种因素而其他因素不进行相应的调整，都可能增加大学生的需求。比如，在发展高强度耐力时，如果教练员想保持同样的运动强度，则应增加训练量。在增加训练量时，教练员必须考虑怎样增加训练量才会影响训练强度及训练强度必须要减少多少。

训练的计划和指导主要依赖于训练量、训练强度和训练密度三者的合理安排。教练员必须着重分析这些要素的变化曲线，尤其是训练量和训练强度。还应考虑到大学生的适应反应、训练阶段以及比赛的时间安排（赛程表）。训练要素的科学搭配可以让大学生在预计的时间达到最佳的训练效果，并获得最佳竞技能力。

训练量是实施训练计划成功与否的一个关键要素。身体、技术与战术训练的整合要进行大量的工作，这些工作是刺激生理性适应、提高运动能力所必需的。教练员必须针对大学生的特点设置个性化的训练负荷，因为每一位大学生对训练量、训练强度和训练密度的承受能力都不尽相同。

在过去的时间里，训练负荷不断增加。大学生在一天中要参加多次训练课，在一个小周期内训练的时间也逐渐增加。在大学生的运动生涯中，必须渐进地增加训练量、训练强度和训练密度。如果这些要素急剧增加将可能导致过度训练。因此，必须要遵循区别对待原则和循序渐进原则。

为了确定训练计划的有效性，教练员一定要监测训练负荷和运动成绩测试的结果。教练员还要计算出训练课的密度或战术和技术训练中要练习的技术的复杂性在训练负荷中所占的比例。在许多运动项目中（如足球、英式橄榄球）监测心率是逐渐被普遍采用的有效方法，用监测到的心率来计算训练和比赛的强度。教练员要对增加训练量和训练强度的因素进行监测，并将它们与休息及恢复有机协调起来。教练员还应考虑促进身体恢复的方法和能量再生所需要的时间。

第四节 高校运动训练的管理

一、高校现代运动训练的管理原理和方法

（一）高校现代运动训练的管理原理

1. 人本原理

人本原理就是在管理中做到以人为本。在管理系统中，管理的最终目的就是不断地满足人们的物质需要和精神需要，实现人的全面发展。在管理中，人不仅是管理的主体，同时也是管理客体中最主要的因素，各项管理措施和管理手段的运用，首先是作用于人，再通过人来发挥其能动作用，最终协调与其他管理要素的关系。人本原理就是对一切管理活动均应以调动人的积极性、做好人的工作为

根本的规律的概括。

2. 效益原理

现代管理的根本目的是创造最佳的社会经济效益，任何管理都要以取得效益为目标是效益原理的实质所在。因此，为创造最大的社会经济效益，管理的各个环节、各项工作，都要紧紧围绕提高社会经济效益这个中心，科学地、节省地、有效地使用有限的人力、财力、物力、智力和时间信息等资源，这也就是效益原理的含义。这一原理贯穿于管理的全过程，比如，运动训练管理的目的是提高优秀大学生的训练的成功率，以期用尽可能少的经费投入和物质消耗培养出更多的优秀大学生。

3. 责任原理

责任原理就是为了实现组织目标、挖掘人的潜能，在合理分工的基础上明确规定各个部门及个人必须完成的工作任务和必须承担的与此相适应的责任。责任制在运动训练管理中已得到广泛的应用，如目标责任制、风险金等。它的制订就是以遵循责任原理为基础的。

4. 系统原理

现代管理的系统原理是运用系统理论对管理对象进行细致的系统分析，以实现现代科学管理的优化目标。我们知道，任何管理对象都是一个特定的系统，管理系统的各要素不是孤立的、静止的，而是根据整体目标的要求，按一定的结构动态地组合在一起的，这是现代管理系统原理的理论基础。

系统原理是以系统理论中的整体效应观点为理论依据的。该观点认为：因为系统的诸要素经过合理的排列组合后，构成新的有机整体，具有其要素在孤立状态中所没有的新质（新的功能、特性、行为等），产生了放大的功能，也就是产生了"$1+1>2$"的效果。所以，系统的整体功能之和可以大于各要素的孤立状态之和。至于所说的放大功能，功能的放大程度与系统的规模成正比，即系统的规模越大，结构越复杂，放大的功能就可能越大。科学的管理则是功能能否放大的决定因素。

5. 动态原理

动态原理是指在管理活动中，注意把握管理对象的变化情况，不断调节各个环节，以实现整体目标规律的概括。计划、组织、控制、协调等各个环节必须不断变化，因为人、财、物、时间、信息等管理对象处于不断变化、发展的过程之中，只有动态地适应管理对象的变化，管理目标的实现才能得到保证。

6. 竞争原理

优胜劣汰是事物发展的一般规律。竞争在体育运动管理中无处不在。有竞争就有压力，有压力就要奋斗，就要拼搏。实践证明，竞争可以激发工作热情，激发人的进取精神；竞争可以挖掘人的潜能，使人创造性地工作，去克服各式各样的困难；竞争可以促进内部团结，增强团队的凝聚力；竞争可以使组织集体充满生机和活力。个人与个人之间、团体与团体之间、国家与国家之间，为了各自的目标和利益，相互竞争，以求取胜的理论就是竞争原理。

（二）高校现代运动训练的管理方法

1. 基本管理方法

（1）行政方法

运动训练管理的行政方法是指在进行管理活动时，依靠各级运动训练管理机构和领导者的权力，运用行政手段，按照行政系统规范进行管理的方法。行政管理系统对各子系统进行调节与控制主要采用命令、指示、规定、指令性计划和职责条例等行政手段。由于行政方法是由上级发布命令，下级则要对上级服从，上下级之间有着非常清晰的关系。这就要求在运用行政方法上，上级对下级所下达的命令、指令或指令性计划等，一定要与本部门的实际和管理活动的规律相符合；更要求上级领导者，除了要有责有权外，还必须具有较好的领导素质，即有较高的理论政策水平和较强的组织管理能力。否则，管理的质量就会降低，管理的功效和目标的实现也会受到影响。

（2）法律方法

在运动训练管理过程中，法律方法是指运用法律、法令、条例、决议和章程等各种形式的法规来进行管理的方法。运动训练管理的法律方法具有强制性、普遍性、规范性和阶段性等特征。运动训练管理实行"法治"的重要内容之一就是运用法律方法管理运动训练工作。法律方法在运动训练管理中发挥着重要作用，主要表现在以下几个方面。

①正常管理秩序的建立、健全、保持、维护

提高竞技运动训练管理系统的功效，实现管理目标是运动训练管理的目的。人、财、物、信息等的合理流通是提高管理功效的关键所在。通过法律形式把这种合理流通方式规定下来，通过法律规范来调节各种关系，从而使正常的管理秩序得以建立，使整个竞技体育管理系统按照法律规范正常有效地运转，一个良性循环的运行机制便形成了。

②各种管理关系的规定和调节

运动训练所涉及的范围是很广泛的。法规是运动训练管理中各种利益关系按照一定规范进行有效调节的依据，尤其是在对不同管理系统、不同管理层次关系等方面的规定和调节上，法律方法更具有特殊的制约作用。这种情况下，那种互不买账、互相推诿、互相扯皮的现象可以得到有效的管理和消除。

③促进竞技体育的发展

对于竞技体育的发展来说，有一定的法规作为保证是很有必要的。例如大学生的选拔与培养、大学生退役与安置、运动场馆设施的设计及建筑、体育场馆的管理和使用等，都应给予法律保护。对如运动训练管理中责、权、利不清，信息不通，人、财、物浪费等有碍竞技体育发展的因素，应进行必要的法律制裁。充分利用法律保护和发挥制裁功能是我国竞技体育事业的发展需要，因而，对可促进竞技体育发展的有关法律条文的制订需要加强。

（3）经济方法

经济方法是依据客观经济规律的要求，运用经济手段，对各种不同经济主体利益之间的关系进行调节，以实现管理目标的方法。这里所说的经济手段包括宏观经济手段和微观经济手段，不同的经济手段在不同的领域中发挥各自不同的作用。宏观经济手段主要包括价格、税收、信贷等，微观经济手段主要包括工资、奖金、罚款、经济合同等。

在社会主义市场经济中，经济方法有着巨大的意义，它可以使运动训练管理的效能得到有效的提高，使体育管理中过去那种单纯依靠行政管理的做法得到克服，使大学生、教练员的积极性、创造性和主动性得到调动和激发，使运动训练这一特殊的社会劳动价值得到充分的尊重和体现，从而使管理的活力不断增强。具体来讲，以下几个方面是经济方法作用的主要体现。

①有利于提高经济效益

对运动训练管理系统来说，提高经济效益就是要提高运动训练的投资效益。如对初级训练投资的经济效益进行衡量，指标有很多，包括培养和训练大学生的数量、输送大学生的数量、大学生的成材率等。培养和训练优秀大学生的数量、在国际、国内重大比赛中获奖牌的数量等指标都能反映高级训练投资的经济效益。经济方法运用得正确、适当、科学、合理，各层次运动训练投资的经济效益就可以得到有效的提高。各级训练组织的积极性的调动，训练工作效率的提高以及人、财、物的统筹安排都受到运动训练管理经济方法运用的直接影响。因此，运动训练管理的社会经济效益要不断提高，必须尽量做到少花钱、多办事、办好事，对那种大手大脚、铺张浪费的不良作风要坚决抵制。

②有利于强化管理职能

对大学生、教练员实施奖励，使广大大学生、教练员的积极性得到调动，从而推动我国运动技术水平的迅速提高。实施奖励是上级运动训练管理机构通过各种经济手段来控制下级训练组织和被管理者的工作及训练情况，将他们的经济利益与必须承担的工作任务、本职责任挂起钩来，区别情况进行赏罚的重要体现，也就是所谓的管理职能强化的表现。经济方法既强化了上级训练管理机构对下级机构和被管理者的指挥、控制等职能，又促使下级机关和被管理者对上级部门指令和管理决策的接受率明显增加，体现了其有利于强化管理职能的作用。

③有利于适当分权

经济方法具有经济制约作用，这为给基层单位以相应的经济自主权创造了条件。例如实行费用定额管理、经费包干管理，既有利于对培养大学生的费用消耗和其他各种训练费用消耗的实际情况进行分析和比较，又有利于下级训练部门的自主权的充分发挥，搞活管理，较好地发挥管理的逆向作用。

④有利于客观地检查评价管理效果

由于运用经济方法对管理效果的反映是通过具体的经济指标来实现的，所以具有客观性、可比性的特点。为了充分调动下级训练部门和被管理者的积极性，一般来说，经济方法所采用的都是公平的、有效的，具有明显的激励效能的各项经济技术指标和效果。此外，运动竞赛中的效益也是将经济收入作为评价效果好坏的依据之一。

（4）宣传教育方法

通过宣传和教育等方式，使人们围绕着共同目标采取行动的方法就是宣传教育方法。宣传教育方法的客观依据是人们对思想活动的发展规律的正确认识。一方面，在运动训练管理系统中，为促进管理目标的实现，各项工作的进行都采用灌输、疏导和对比等教育工作方法，激发行政管理人员、教练员、大学生的工作和训练热情。另一方面，宣传教育方法对其他管理方法的综合运用起着宣传、解释的优化作用。宣传教育方法是非常必要的，各种管理方法所具有的优点和缺点，如何兴利除弊、综合运用，如何适应现代运动训练管理的发展而不断完善等问题，都需要宣传教育方法发挥作用。运用宣传教育法，通过多种形式和途径向人们进行宣传、解释，使人们能正确认识、客观对待、灵活运用，管理方法才能发挥它的作用，提高运动训练管理整体功效。我国运动训练各级管理所应用的各种方法或者所制订的各种法规、方针、政策和规章制度等实施效果的好坏，都同宣传教育方法对其宣传、解释是否有力密切相关。

2. 现代管理方法

现代管理方法属于一个方法体系，它是指在现代管理中所运用的方法的总称。对于现代管理方法，从理论上可以进行各种分类，如数量分析方法、信息系统管理方法、管理心理学方法等，这些现代管理方法已越来越广泛地应用到训练中来。

（1）数量分析法

一般来说，数量分析方法是指在一定的理论指导下，运用数学原理、数学公式、数学图形等，通过建立数学模型，并对模型进行计算和求解，从而为管理者提供满意选择的一系列方法、技术的总称。它是以定量分析为主的管理方法。数量分析方法具有丰富的内容和众多相对独立的分支，一般由以下四个基本部分构成。

①理论基础

数量分析方法的理论主要包括基本理论和方法论两大类，其中基本理论涉及哲学理论、经济理论和管理理论，方法论主要包括系统论、信息论、控制论以及现代数学理论。数量分析方法就是以上述诸多理论的有关思想为理论基础，从而对某种方法从什么目的出发，能够解决什么问题，为什么能够解决这样的问题，以及如何解决等基本问题进行回答。

②数学模型

几乎所有的数量分析方法都有自己不同的数学模型，这是因为数量分析方法对定量分析比较注重，其分析主要借助于数学模型来进行。对于数量分析方法的数学模型来说，它既符合一定数学原理，又能对客观事物间复杂的数量联系有比较准确的反映。

③方法步骤

所有的数量分析方法，都要有一定的步骤。步骤是对某种方法解决问题所必须遵循的一般程序的体现。违背了这些程序，这种方法的作用就不能发挥，问题也不会很好地得到解决。

④管理手段

数量分析方法中所运用的现代化的通信设备和计算工具就是管理手段。如前所述，运用数量分析方法，进行大量而复杂的计算是必要的，只有电子计算机才能胜任这种计算，而必须有现代化的通信设备和信息获取手段相配套，计算机才能得到运用，否则计算机的作用也不能得到充分发挥。为此，数量分析方法总是与现代化的管理手段相联系的。

（2）信息系统管理法

管理信息系统是一个由人和计算机等组成的能进行信息收集、传递、存储、加工、维护和使用的系统。管理信息系统能从全局出发，辅助组织或其他机构进行决策，利用信息控制机构的行为，并帮助实现规划目标。

信息管理系统有两个特征。第一，以解决组织所面临的问题为基本目标。管理信息系统指定目标是组织面临的现实问题。它的目标是解决问题，对组织方方面面的信息集中存储、处理、分析做出决策。第二，以数据库和数据处理技术为基础。现代化的数据存储理念是管理信息系统主要采用的理念，在此基础上优化整合数据，为各个部门访问所需要的数据提供方便，同时在分析处理数据时采用一定的数学方法以获取有用的信息；准备和提供同一格式的信息时，简化各种统计工作，降低信息成本至最低；对大量信息进行全面保存，并能很快地查询和统计综合，提供信息支持以便组织进行决策；处理信息时利用数学方法和各种模型，以期预测未来和科学地进行决策。

信息管理系统有两个作用。第一，大大减轻组织管理人员的工作强度，节省人力和物力。在手工条件下，分类、登记和计算都是组织人员需要进行的工作，在实现信息化后，计算机可以自动完成计算、分类、存储等工作，而操作人员只需将原始记录输入计算机。不仅大量的重复计算由计算机完成，而且输入数据后所有的数据处理也可由计算机系统完成，人工方式的许多中间的处理环节就可以避免，从而大大减轻了工作人员的工作强度。第二，提高组织管理的工作效率。计算机进行数据的处理，其速度是人工方式的数量级倍数，将使组织经营信息的提供更加及时。组织单位内部网络的建立，使部门之间的工作衔接更加紧密，业务办理速度大大加快。

目前，运动训练信息管理系统已得到广泛的应用，在运动训练的科学化和提高训练水平方面，正在发挥着越来越大的作用。随着社会和时代的发展，一些传统训练思想和训练方法已跟不上时代发展的步伐，迫切地需要现代科学技术的支持，可以看出，现代科学技术在运动训练中将会发挥越来越重要的作用。

（3）管理心理学方法

管理心理学是一门科学，它的研究对象是管理活动中人的心理活动规律，目的为调动人的积极性、开发人的潜能、提高工作效率和管理效率。管理心理学理论的应用，使管理思想活跃、发展，管理方法得到丰富，运动训练的管理得到促进。

①管理心理学方法的内容

第一，经验总结法。一个人在特定条件下实践的结果就是经验，因此特殊性和局限性是其特点。通过总结个人经验，可以将好的经验向更广阔的范围推广，如果也取得好的成效，那么从中就可发现具有普遍意义的规律。因此，我们对运动训练管理过程中管理者、教练员、大学生所积累起来的丰富经验要特别重视，但又不能停留在经验总结的水平上，必须努力把它上升到科学理论水平。

第二，调查法。根据调查的目的，通过谈话、问卷等方式，获得材料的方法就是调查法，因此又可分为谈话法和问卷法。研究者与有关人员面对面交谈，听取意见，观察其态度和表情等就是谈话法。如对大学生的个性或训练态度问题进行研究，就需要向不同类型的大学生调查，了解不同类型的材料。运用灵活、能及时发现问题是谈话法的优点，但谈话法运用以彼此信任为基础，调查研究者不能带有主观偏见；问卷法是指用明确的词语叙述问题，编写一套问卷题目并规定评定的方法，问卷法是用文字来表达问题的，这些问题是引起被试者反应的动因，可以收到比较统一的效果，它可以同时施用于很多被试者，时间上比较经济。问卷结束所得的材料是比较简明的文字或符号，便于进行数量统计。但是，问卷效果常会受到问卷文字的难度或被试者的阅读程度的影响，往往不会有满意的回答，因此掌握一定的技巧在设计问卷时非常重要。

第三，实验法。实验法是一种控制一定情境的方法，也就是实验者控制或操纵一种自变量，又称实验变量，然后观察被试者因自变量而产生的因变的情形，利用统计学方法来处理资料，加以分析、归纳，最后得出结论的方法。实验法可分为实验室实验法和自然实验法。在运动训练管理的研究中，来自组织和团队内外环境及成员间所产生的交互作用等社会因素会对对象的心理活动产生影响，因此，用实验室实验法来进行研究的可能性不大。

第四，量表测试法。量表测试法是指采用标准化的量表进行的心理测验，这种方法可以对被试者的有关心理品质，如智力、个性、性向和运动反应等进行测试。心理测验是布置一种刺激的情境，引起被试者反应，然后运用统计学的方法予以量化，求出其结果并对结果加以分析和解释，归纳成为结论。

②管理心理学方法的运用

第一,有助于组织的变革和发展。任何一个管理系统都需要根据内外部环境的变化而变化,在适当的时候进行变革和创新,这说明管理系统不是封闭的,运动训练管理系统同样如此。管理心理学从人本的管理理念出发来对组织结构的形式对组织成员的心理影响、可塑性组织的能力及其设计、高层管理者在组织变革中的有效思考与行为、组织变革的基本模式与对策等进行研究,该研究方法和成果在设计组织、改造组织方面能为管理者提供帮助,促进组织双重目标的实现。

第二,有助于知人善任,合理地使用人才。组织中的每一个人都有不同的气质、能力、性格和兴趣爱好,即有着各自的个性特征。现在的年轻人比较敏感,爱发问,且兴趣和经验感受比较广泛,这与过去的年轻人有很大的不同,因此大学生在人与人之间的关系,以及动机心理学方面的问题比较敏感。教练员必须在赛季对他要进行训练的大学生所具备的各种不同的个性有预先了解,只有这样,才能针对不同的大学生采用合适的方法,发挥方法的作用。教练员在与大学生交往时,也应根据大学生和由这些大学生组成的团队所表现的不同个性和队风的情况,采用不同的形式、手段和教学方法。研究管理心理学个性心理及其测定方法,能帮助运动训练管理者对大学生的性格特点和能力所长进行全面了解,做到以事就人,人适其所,人尽其才,使每个大学生的能力、工作和总体效率都达到最佳水平。

第三,有助于加强以人为中心的管理,调动人的积极性、主动性和创造性。组织中的人是多种多样的,人有丰富的感情和不同的能力,有独特的个性和不同的需要。运动训练系统中的管理者运用管理心理学方法可以对人的心理进行有效把握,对处于其中的个体的心理特点和组织的报酬体系对其训练效果的重大影响有着清晰的意识,实现对大学生的合理、优化的配置和管理,实现个体、团体的目标,并使个体获得最大的利益和发展。

第四,有助于改善人际关系,增强群体的凝聚力与向心力。群体是个体活动的舞台,是管理者管理的基本单位。使全队能够齐心协力是一个教练员或训练管理者所面临的最困难的任务。虽然代表团队上场比赛的只有少数队员,但是首先它要有核心,且核心必须是愿意做出自我牺牲、善于合作和艰苦奋斗的队员。在这种合作和自我牺牲精神的指导下,让队员展开一场争当主力的竞争。为了组成一个齐心协力的团队,每个队员要把自己融化在团队这个集体之中。他不仅要甘当替补队员,而且还要把全队的利益放在个人利益之上。同时,在不损害团队利益的前提下，努力提高自己，使自己成为主力队员。即使个人目标未能达到，也不应有怨恨情绪的产生。管理心理学对群体心理与行为的研究，能帮助管理者对个体与群体、群体与群体间的互动关系有所认识，协调它们相互之间的关系，形成合力。通过高水平的群体或团队的建设，群体活动的效率可以得到有效的提高。

二、高校现代运动训练的管理内容

（一）高校运动训练的运动队伍管理

运动队是当前我国竞技体育组织系统中重要的基本单元，是组织实施运动训练的基层组织形式。高校运动训练队伍是我国竞技体育队伍的重要后备力量，因此要特别加强对运动训练队伍的管理。

1. 运动训练队伍管理的内容

随着社会和时代的发展，我国的政治体制和经济体制的改革也在不断深化，这使得竞技体育的管理体制发生了巨大的变化。各竞技项目管理体制、运行机制、比赛制度和经费来源因体育事业社会化、产业化的进程而有了重大的改变，多元化的格局也在运动队的组织建设中呈现出来。运动队的隶属关系也发生了变化，以前是单一的行政区划组队，后来发展为行政区划、企业（集团）、团体及个人等多种隶属关系共存的局面。运动队的服务职能也发生了变化，由单一的对国家、地方利益负责向其他方面延伸。

随着社会转型期变革所产生的变化，各竞技体育项目的发展也在变化，这一变化不仅使我国竞技体育的发展遇到新的矛盾与问题，更是对参与运动训练各种人员的思想、意识和观念的深刻影响，这就使运动队在管理方面较之以往面临着许多更为复杂的因素。

创造优异的运动成绩是运动队管理的重要目标。管理工作的一切都应围绕着这一目标进行。运动队管理的主要内容包括：运动训练目标确定后，训练和比赛的组织与保障工作；教练员和运动员的教育与培养；与训练活动有关的各项事务、各种人员的教育、监督和协调；运动队多种效益的获得与发挥等。

2. 运动训练队伍管理的任务

第一，用科学的预测和决策，制订不同发展时期目标和计划，并且为实现这些目标和计划奠定良好的认识基础。

第二，为使训练目标得以顺利实现，必须科学地组织实施计划。运动队管理的首要工作就是保证训练计划顺利实施。在确定运动成绩目标后，由教练员、运动员及科研人员等有关人员提出达到这一目标的训练计划，此后，运动队管理的头等大事就是保证这一计划的顺利实施。实施训练计划过程中，将会遇到许多非训练的问题，解决这些问题需要通过科学的管理。

第三，不断使队伍内部的管理机制得到完善，使人力、财力、物力的组织、分配和使用更加合理，以使它们的作用得到充分的发挥，协调全队的各项工作，提供和创造必要的条件以完成这些工作。

第四，对管理机制的各种方法、技术和手段要全面系统地运用，以使每位工作人员的作用得到合理有效的发挥，使一切积极因素得以调动，保证各项工作能高效顺利进行。运动队管理的关键工作就是激发运动队所有人员的积极性，在创造运动成绩过程中，人是最积极、最活跃的因素并起着决定作用。提高管理效能的根本措施就是尊重知识、尊重人才、培养人才并正确使用人才，要完成这一关键工作，必须在管理过程中强调管理对象的自觉性，激发他们自我实现的精神。要想有效地实现科学管理，达到良好的效果，必须科学地、民主地处理训练过程中所涉及的非训练因素产生的影响。

第五，积极运用各项科技新成果，使之与运动训练有机地结合起来，为提高运动员竞技水平提供有力的科技支持。

第六，运动队伍与外部单位以及运动队伍内部各要素之间都存在着复杂的关系，这些关系都对运动队伍有着重要的影响，处理不当将会严重影响运动队伍的正常工作。因此，在运动队伍管理中要认真处理各方面的关系，主要是处理好政治思想工作与法规管理的关系、主体与客体的关系以及外部约束机制与自我约束机制的关系。

（二）高校运动训练的教练员管理

1. 教练员的角色分析

第一，教练员是运动队伍管理工作的重要决策者。

搞好训练是运动队管理工作的主要任务和核心工作，教练员是训练过程的主要设计者和组织者，同样也是训练管理工作的重要决策者。教练员是运动队伍管理工作的重要决策者，主要体现在针对训练工作的发展方向、某一时间阶段内的工作内容和完成总任务的具体对象。教练员提出相应方案，并与领队等运动队中的其他成员密切配合，通力合作，带领运动队完成好训练任务。

第二，教练员是运动队伍管理链中的信息沟通者。

教练员平时与运动员接触时间最长，最了解运动员的身体、生活和思想情况，因此，在运动队中教练员对训练工作最具发言权，这就要求教练员时刻掌握本项目运动训练发展的最新动态和与本运动队有关的其他运动队的信息并及时向领队和其他管理人员通报信息。教练员将运动员的情况及时、全面地提供给领队等管理人员，有助于他们更好地组织全队的管理工作。

第三，教练员是运动队人际关系的协调者。

调动运动员的积极性是运动队完成训练工作任务、取得优异的成绩的关键所在，这是从管理学角度得出的结论。但是，由于种种原因，运动员之间容易产生矛盾；在执行运动队制订的许多规章制度时，队内成员产生一些矛盾也是不可避免的。这时，教练员应该从维护正常训练工作秩序出发，协助领队做好其他人员，尤其是运动员的思想工作，化解矛盾，协调关系。

教练员与运动员之间也会产生矛盾，这在运动队中非常常见。在这种时候，教练员在处理与运动员之间的分歧和矛盾时必须及时主动，既要客观地对待自己，又要尊重运动员的个性，服从真理，特别要注意的是不应把个人的面子和"威信"放在不适当的位置上去。在运动员对训练工作有不同看法时，教练员不宜固执己见，应该多多听取运动员的不同意见或设想。因为，作为训练的直接参与者，运动员往往有着更直接、更深刻的感觉，体会也更深。

2. 教练员在运动队中的作用

（1）运动员选材中的作用

在现代训练过程中，运动员的科学选材已成为训练科学化的重要组成。随着现代科学技术的迅速发展及其对训练强有力的影响，运动员选材的理论研究更加广泛，选材工作也更加深入。因此，运动员选材工作从客观上讲对教练员的要求也就越高，教练员在此过程中的作用更加突出。具体表现在以下三个方面。

①指导作用

运动员的科学选材是一项系统工作，因素多而且比较细致。从这项工作的程序上讲，它应以科学诊断和科学预测为基础，对选材对象进行多因素的分析和最优化的选择，确定那些与这项成绩关系最为密切、遗传率有较高的指标作为主要条件，从而使运动员选材的定量化模式得到建立，并使运动员选材的方法得以确立。从这些工作的意义上讲，要密切结合实际情况，确定对运动成绩提高关系最为密切、影响最大的选材因素，以保证达到能将真正符合运动专项训练的要求以及具备专项训练天赋的运动员选拔出来的目的。对此，由于长期从事运动训练，教练员对专项训练过程中的客观规律以及运动员的身体形态、机能、素质等方面与运动专项训练成绩的关系有着深刻的认识。所以，在同有关专家实施运动员选材的过程中，教练员对影响运动成绩的各种选材因素、运动选材的各种因素的量化模式的确立以及合理选材方法的选择，有着重要的指导作用。

②控制作用

运动员的选材是一项系统工作，在此过程中，相对优化和完善的目标控制是制订和实施各项措施的前提，也是各项工作顺利进行、达到优胜劣汰目的的保证。在运动选材过程中，教练员的控制作用主要有以下表现。第一，优化控制选材目标。第二，优化控制选材模式。第三，优化控制选材整体效应。第四，优化控制选材方向。

③评判作用

运动员选材过程中的关键是对运动员选材的评判，它是衡量教练员的战略指导思想和职业能力的重要标准。教练员选材的评判作用主要有以下三个方面。第一，对选材对象的原始数据的优劣与取舍的评判。第二，对选材对象的各种因素之间的相互关系的评判。第三，对选材对象整体水平的评判。

（2）运动训练中的作用

教练员在训练方面的作用有深刻而广泛的表现，概括起来主要有以下四个方面。

①训练目标模型的确立

在科学的诊断和预测的基础上，对训练的预期效果在质上做出规定，以限定训练的宏观方向，同时在量上对训练的预期效果指出所要达到的发展指标，这是训练的目标模型的含义。二者有机地统一，相互作用，从而构成一个完整的训练目标模型。因此，教练员在此过程中的作用表现在拟定训练目标方向和拟定训练目标水平两个方面。

②对训练过程进行监控

训练过程是一个复杂的动态系统，有着广泛的内容，而且各因素之间存在着相互影响、相互作用的关系。这就要求教练员具有的指导思想必须科学、计划安排必须周密、训练手段必须合理、对训练过程实施的监控必须有效。教练员在此过程中的主要作用表现在三个方面。第一，确立训练任务，科学制订训练计划。第二，建立最佳训练模式，合理选择训练手段。第三，科学安排比赛序列。

③对多因素进行调整与控制

训练受到多方面因素的影响，概括起来讲主要来自四个方面，分别为训练方面的因素、管理方面的因素、信息方面的因素以及环境方面的因素。

④对训练过程实施科学评价

根据运动项目训练目标和不同训练阶段的任务和基本特征，以及所制订的各种计划文件等，对所实施的各种训练活动的效果、完成训练任务的情况以及运动员成绩和发展水平进行科学判定的过程就是所谓的训练科学评价。保证训练目标的实现，以及使训练系统中的各个环节的变化和发展处于令人满意的状态是其作用。同时，评价过程的实施，可以使各方面的积极性得到调动，从而提高训练的质量。

（3）训练管理中的作用

训练管理工作是由教练员去具体实行的，但这一工作需要科研人员、医务人员、营养保健人员、心理专家等专业人员的协同配合。可以说，教练员是训练的主要管理者，在训练管理方面的作用主要有四个方面的表现。

①科学管理训练过程中的各种实践活动

教练员对各项训练活动的管理作用体现在以下几个方面。第一，规划目标，确立训练任务，制订切实可行的训练计划。第二，提出组队方案，选拔运动员。第三，正确认识与被管理者（运动员）的关系，处理好运动员的各种思想变化和认识发展过程，发挥管理对象的主观能动作用，保质保量地完成各项训练任务。第四，对训练的各项内容实施最佳的调控。第五，及时反馈、修订和调整各种形式的训练计划。

②对运动员思想的管理

我国运动队伍建设的根本任务之一是加强思想政治工作。在运动队伍中，教练员肩负着运动员思想管理工作的重任，原因是教练员与运动员朝夕相处，接触最多，了解最深刻。在此过程中，教练员自身的思想建设，对运动员的正面教育与言行过程潜移默化的影响是教练员作用的体现之处。

③对运动员文化学习和生活的管理

运动员文化和生活水平的高低影响着训练水平。运动员文化学习和生活的管理具有比较广泛的范围，需要各方面管理人员的协调配合才能共同完成。作为教练员，由于与运动员的特定关系，对运动员文化学习和生活的管理负有重要责任。协调、组织安排、监督检查是教练员在运动员文化学习的管理中起到的作用。在运动员的生活管理方面，需要教练员与有关人员（如医务人员、营养保健人员等）密切配合、积极参与、监督检查、督促执行等。

④对尖子运动员的管理

尖子运动员对比赛、训练等有着重要影响，在运动队中具有特殊的作用。加强对他们的管理，注重调动他们的积极性，发挥他们在集体中的特殊作用，将会产生积极的效果。因此，教练员必须对尖子运动员加强管理，这是教练员的作用所在，即充分发挥尖子运动员在运动队中的楷模作用，避免他们搞特殊化和自满思想的滋长，培养尖子运动员的组织能力和训练能力。

（4）临场指挥中的作用

比赛是双方实力的对抗，也是运动员智慧的角逐，更是双方教练员的较量。虽然教练员不是竞技场上双方角逐的直接参与者，但他运筹帷幄，对整个比赛过程进行着驾驭，不断对比赛中运动员战术的运用和心理变化进行着调整和控制，有时甚至决定着比赛的胜负。比赛有着一定的时间制约，教练员的临场指挥通常表现在比赛前的准备期间和比赛之中。在此过程中，教练员的作用集中体现在战术方案的选择和调控、运动员竞技状态的调整两个方面。

3. 教练员应具备的素质

现代运动竞技对教练员提出了很高的要求，当代运动训练理论和方法不断更新，训练的科学化程度和运动水平日益提高，要求承担每个层次训练任务的教练员，具有良好的政治、业务、品质素质。

（1）事业心和责任感

要想在事业上真正干出点成绩来，有一颗强烈的事业心，以及在这种事业心支配下产生的超人的钻研精神和出奇的迷恋精神是首先应该具备的。

（2）专业知识结构

专业知识结构是指精通本专业的知识技术，较高的专业训练水平和组织专项教学训练的实践能力，以及结合训练工作从事科学研究的能力。运动训练是以人为实施主体的一个动态过程。训练中的运动员、教练员都具有独立的思想、意志、情感，这些因素始终处于动态之中，瞬息万变。因此，教练员的知识结构是以运动训练的基本理论为核心和主体，以哲学和社会科学知识为基础，掌握多门学科知识。

（3）学习和创新能力

对于运动训练学来说，它处在不断的发展创新之中，几乎每时每刻都有新的训练理念、新的方法和手段。作为一个称职的教练员，终身学习的能力是必须具备的。所谓的学习能力，包括敏锐地捕捉信息、选择信息、始终了解本专业前沿动态的能力，也包括学习新的运动技术动作、新的运动训练方法和手段，善于取长补短。

除了学习能力，教练员还应具备创新能力，创新能力是指怀疑、批判和整合能力，是研究者运用知识和理论，在科学、艺术、技术和各种实践活动领域中不断提供具有经济价值、社会价值、生态价值的新思想、新理论、新方法和新发明的能力。创新意识、创新基础、创新智能（包括观察能力、思维能力、想象能力、操作能力）、创新方法和创新环境等都是创新能力包含的内容。创新能力是一个高级人才不可或缺的素养，也是一个运动项目保持优势的灵魂。创新能力比学习能力有着更高的要求，因为创新能力需要积累、需要沉淀、需要思考、需要灵感，更需要对专项的热爱、专注与投入。

（4）影响力与沟通能力

作为一个教练员，影响力与沟通能力是必须具备的素质，因为教练员要和各式各样的运动员打交道。同时，训练工作具有长期性、艰巨性、反复性，教练员必须对此有足够的认识，自我牺牲精神、顽强的意志品质和拼搏精神是必须具备的；教练员还应对运动员进行关心和爱护，与他们建立广泛的心理相容；要善于了解运动员心态，掌握并运用相应的激励艺术，使运动员的积极性得到充分调动；应具有善于控制自己情绪的心理品质，组织并指导运动员训练比赛时保持敏锐冷静的头脑，在各方面都成为运动员的表率，带领他们攀登竞技运动高峰。此外，教练员应具有社会工作能力，能够取得高校、家长、社会对运动训练的支持，并善于协调好各方面关系，使运动训练得到更多的支持。教练员要懂得各年龄阶段、各不同训练水平运动员的身心特征，具有对运动员和运动队进行管理教育的能力。

（三）高校运动训练管理绩效及评价

1. 运动训练管理绩效评价的内容、标准与要求

（1）运动训练管理绩效评价的内容

①训练管理的条件

条件是建立训练系统并确保运动训练系统正常运转的基本要素。条件主要包括人力、财力、物力、技术、信息条件。人力即领导者、一般管理者和教练员，对运动队训练效果起着决定作用；财力即资金，为运动训练的开展提供经费保障；物力即场地、器材，为运动训练的开展提供了基本条件；技术也就是训练方法和技术，是运动训练的智力支持，是影响训练效果的关键；信息就是信息资料，是改进、完善、提高运动训练方法、手段的重要依据。

②训练管理的过程

训练过程是整个训练系统的中心环节,只有扎实地训练、科学地管理,才能使运动队取得良好的训练效益,行政管理、训练管理、教学管理、生活管理及思想政治工作是训练管理过程的主要内容。

③训练管理的效益

对于国家运动队、省(市、区)优秀运动队训练管理的效益,一般主要是通过它在国内、国际大型比赛中所获得的成绩来反映;而对于各级各类的体育运动高校运动队等中初级训练层次来说,对其训练管理好坏的评价主要是通过向上一级训练层次输送的人才数量、质量及训练的成材率等来反映。

(2)运动训练管理绩效评价的标准

人们在评价活动中应用于对象的价值尺度和界限就是评价标准。评价是一种主观活动,运动训练管理绩效评价也是一种主观活动,它是以目标作为依据,对客体做出价值判断的过程。一般来说,目标总带有较大程度的抽象性。因此,在实践过程中,需要调整主观确定的目标并将抽象的目标具体化,形成较为客观的评价标准,并作为评价的直接依据。

运动训练管理绩效评价标准是经过各级训练管理目标的分解,为分析各级训练管理目标的完成效果而设计出来的。标准的设计应遵循以下四个原则。

①与目标的一致性原则

运动训练的根本目标就是培养优秀体育人才,运动训练的一切活动都必须围绕这个目标,运动训练评价也只有与这个目标一致,才能提高管理机构对运动训练管理的效率。管理机构要始终围绕目标不断地进行物质、能量、信息等资源配置,当目标实现后,评价就会为管理机构提供在目标实现的过程中,有哪些经验需要总结,还有哪些差距,为制订新的训练目标提供依据。

②可比性原则

标准必须反映运动训练过程中带有共性的属性,反映对象属性中共同的东西。标准的可比性要求,提出一条标准,就必须同时制订一条相应的尺度。

③直接可测性原则

标准应是可用操作化的语言加以定义的,它规定的内容是可通过实际观察加以直接测量获得明确结论的。比如,运动员的运动成绩、训练负荷、竞技能力等指标都可以直接用数据来量化,通过这些对运动员的训练状态进行分析,从而综合评价运动训练的效果。

④整体完备性原则

标准设计应尽量从整体考虑，不遗漏任何一条重要的标准，能够全面地再现和反映运动训练的目标。目标存在于标准的总和之中，存在于系统化的标准之中。

（3）运动训练管理绩效评价的基本要求

标准设计原则是对标准设计者提出的要求，它同时也为标准的设计、修改和完善指明了途径和方法。标准设计原则是制订运动训练评价标准体系的基本原则，在标准设计的过程中还应注意以下三个方面。

第一，分解目标是建立标准的基本方法。由于运动训练系统的复杂性，对目标的一次分解很难达到可测性的要求。因此，借助若干中间过渡环节是必须的。如运动训练的目标是培养优秀体育人才，而人才又可以从质量和数量等多方面加以考察，人才的质量和数量又成了训练工作的次级目标。从总目标出发，先将其分解成二级目标，然后再经过多重分解，形成三级、四级目标，直到满足可测性的要求。由此看来，目标的分解是着手设计标准体系的最好途径和最简便的方法。

第二，标准的内涵分析是改变标准品质的基本要求。标准设计必须对标准内涵及标准间的关系进行仔细地分析，这是保证标准的独立性与完备性的基本要求，也是改变标准品质的可靠途径。

第三，评价的含义是从实际出发考虑某一特定标准的取舍、替代，从而完善标准系统、提高标准可行程度的基本方法。评价有以下两个要求：首先是从现实的条件（包括信息来源、人力、物力、财力等）出发；其次，要求评价标准的设计与评价所采用方法相结合。

2. 高校运动训练管理绩效的评价

（1）运动训练管理绩效的"成绩评价模式"

①"成绩评价模式"的优劣

1）注重训练管理的直接效益

运动训练管理的直接效益就是运动成绩，因此，效益评价模式将直接效益作为训练管理评价的焦点，在评价的整个过程中，时时关注着所要取得的直接效益。在运动训练管理效益评价模式的评价程序中，多数步骤与直接效益有关。只有清楚、明确地产生了直接效益，才能说明训练管理工作取得了成功。此外，注重直接效益的思想合乎理性的原则，管理和评价正是因为有了清晰的导向，实施起来更有计划，更易于操作，所以效益导向模式易于被人接受。可以说，直接效益是运动训练管理效益评价模式的灵魂。

2）"达成度评价"使评价标准简洁明了

评价作为一种价值判断活动，包含了一种将实际成就与评价标准加以比较的含义。任何一种评价都有评价标准，训练管理成绩评价模式的评价标准就是运动成绩的达成度，这一合乎理性原则的评价标准使评价工作简单、明确。在训练管理效益评价的定义中就含有这个评价标准，评价就是测定训练管理系统的工作质量，查明已组织的训练管理工作实际产生了多少预期效果，即运动成绩实现的程度。这一特征使训练管理成绩评价模式有时被称为"效益达成评价"或"达成度评价"。人们常常忽略的一点是这个评价标准所隐含的另一层意义，即确定一个训练管理系统的成绩达成度的目的在于进一步改进训练管理系统本身。

3）评价工作的不确定性

评价工作的不确定性，这是"成绩评价模式"在评价运动训练管理时的消极因素。这种不确定性主要体现在以下几方面。第一，过分地重视取得和维持短期赛事成绩，助长了管理者急功近利思想和短期投机思想，以至于运动队在短期成绩方面投资过多，在长期的价值创造方面投资过少，从而造成运动队的发展后劲不足。第二，不适应新时期竞技体育的发展要求，不能指导和评价创造未来价值的行为。在评价无形资产的增长情况方面特别是体育创造的社会财富方面，传统绩效评价方法显得力不从心。第三，过分注重运动队成绩指标等可直接计量因素，忽视非成绩指标的不可直接计量因素。第四，成绩评价和运动训练管理价值的不协调。传统的运动训练管理绩效评价系统是建立在按照成绩价值来衡量训练管理部门的投入价值的基础上的，它忽略了运动队随时间变化而产生的无形和有形资产的增值。

（2）运动训练管理绩效的综合评价

①"综合评价"与其他评价的本质区别

所谓"综合"，是把各方面的不同类别的事物组合在一起，即明确人或事物价值的过程。综合评价法是指为对一个相对复杂的事物做出全面、系统、客观的评价而采用的评价方法。

早期的评价方法大多是以个体评价为主，人们在评价时只注重系统的某一方面目标的实现，忽略其他目标，这种评价方法仅对简单的事物评价有效。绩效评价也是一种单一的评价方法。理论上认为，人类的劳作是有理性的，发展是主题，绩效是发展的主要方面。因此，人们在评价时，只注重系统的投入与产出，希望以最小的投入取得最大的产出。这种思想至今仍在工程项目的决策评价中起到重要作用，但不能全面体现系统的本质。

随着人类科技的发展，人类的各种活动变得越来越复杂，于是，人们注重对事物特别是对工程系统的全面评价，即从政治、经济、社会、技术、风险、自然与生态环境、组织和个人等多方面对复杂系统问题进行综合评价。在评价时，不仅重视直接的效益和影响，而且重视间接影响；不仅重视近期效益，而且注重长远效益；不仅重视定量指标（如投资、收益等）的评价，而且重视软指标的评价，这就形成了综合评价的方法。由此可见，绩效评价、个体评价都是综合评价的一个部分。

②"综合评价"的基本构成

从哲学意义上讲，评价就是评价者对评价对象的属性与评价者需要之间价值关系的反映活动。据此，运动训练管理绩效的综合评价就是评价者对运动训练管理系统属性与评价者需要之间的价值关系的反映活动，即明确价值的过程。

一个运动队的训练管理工作本身就是一个相对复杂的系统。因此，对其绩效进行评价就不能从某个方面入手，而是要从整体、全局的角度看问题。于是，怎样把一个复杂的大整体划分为可以直接评价的小要素就成为关键。在这个问题上，借助系统论的分析有助于认清运动训练管理系统的构成与各要素间的作用关系，从而达到合理分析客观评价的目的。

对运动训练管理系统进行综合评价就是根据训练管理系统的目的，在系统调查和可行性研究的基础上，主要从技术、管理和经济等方面，就该系统运行的方案所能满足需要的程度同消耗和占用的各种资源进行评审。具体地说，综合评价就是对运动训练管理系统进行过程和结果的鉴定，主要目的是判别运动训练管理系统是否达到了预期的标准，能否为决策提供所需要的信息。一般来说，有以下几个方面：运动训练管理系统运行现状的评价、运行方案可能产生的后果和影响的评价、方案实施后的跟踪评价及决策完成后的回顾评价。

在综合评价过程中，首先要熟悉运动训练管理系统的运行方案和确定评价指标。熟悉方案是指通过大量的调查研究，了解运动训练管理系统的基本目标、功能要求，确切地掌握运行方案的优缺点以及对系统目标功能要求的实现程度、方案实施的条件和功能等。然后，根据熟悉方案情况，结合评价指标，运用适当的方法，先进行单项评价，再做综合评价，从而做出对方案的评价结论。

第八章　现代高校体育运动力量与速度素质的训练方法

第一节　促使力量素质提升的训练方法

一、力量素质的概念和分类

（一）力量素质的概念

力量素质是人的身体或身体某些部分用力的能力或指肌肉在人体运动活动中克服内部和外部阻力的能力。内部阻力包括人体自身的重力、关节的加固力、肌肉韧带的黏滞力、人体内部的反作用力（惯性力）；外部阻力有重力、支撑反作用、摩擦力、离心力、介质阻力、惯性力等。内部阻力是人体伴随用力过程发生的，它随人体的机能状态和用力动作的合理程度而变化；外部阻力是力量训练的施加因素和手段，是对人体的一种外部刺激。人体在克服这些阻力的过程中发展了力量素质。力量素质对人体运动有非常大的影响，是人体运动的基本素质。力量素质训练是培养优秀运动员过程中的基本训练内容和主要训练手段，也是衡量运动员身体训练水平的重要指标，对运动成绩持续稳定地提高有极大的影响。

1. 力量素质是进行一切体育活动的基础

我们所进行的各种体育活动都是由作为主动运动器官的肌肉以不同的负荷强度、收缩速度和持续时间进行工作进而带动被动运动器官骨骼移动来完成的。如果没有肌肉的收缩和舒张而产生的力量牵拉骨骼进行运动，人们连起码的行走和直立都不可能完成，更不要说进行体育活动了。跑、跳、投及攀登爬越等各种体育运动和体力劳动都离不开力量素质。一个人要想跑得快，腿部就要有较好的后蹬力，要想跳得高、跳得远就得有较好的弹跳力，要想投得远就要大力发展上肢爆发力。可以说力量素质是人体最基本的身体素质，是进行一切体育活动和体力劳动的基础。

2. 力量素质影响并促进其他身体素质的发展

任何身体素质都是通过一定的肌肉工作方式来实现的，而肌肉的力量是人体一切活动的基础。力量素质决定速度素质的提高、耐力素质的增长、柔韧素质的发挥和灵敏素质的表现。首先，力量素质的增长有助于速度素质的提高。因为肌肉的快速收缩是以其力量为前提的。一名短跑运动员如果没有两条强有力的腿，是不可能取得优异成绩的。其次，力量素质也有助于耐力素质的增长。从生活常识中我们可以非常容易地看出，一个强壮有力的人能比身体虚弱者持续活动更长的时间。再次，力量、速度的提高会增加肌肉的弹性，促进灵敏素质和柔韧素质的发展。

3. 力量素质的水平直接影响技术动作的掌握和运动成绩的提高

运动员力量素质的水平，直接影响技术动作的掌握和运动成绩的提高。例如体操运动员如果没有足够的上肢、肩臂、腰腹力量，就无法完成十字支撑、慢起手倒立等用力动作；球类运动中的各种急停、闪躲、变向、腾空以及一些高难动作的完成也都是以一定的肌肉力量为基础的；最大力量和爆发力是田径运动除技术之外决定运动成绩的关键因素。除长距离跑之外，其他田径运动项目的高水平运动成绩都与力量素质的发挥密切相关，尤其是投掷项目。

4. 力量素质是衡量运动训练水平的重要指标，也是各运动项目选拔人才的重要依据

力量素质在运动训练实践过程中，往往作为判断运动训练水平、评定参加何种等级比赛的一项重要指标，作为判断某些专项运动潜力的一种重要手段，也是一些体能性运动项目选材的依据。例如：体操运动员在完成各种动作时，虽然要借助外力的作用，但是在其动作的所有阶段，都要求运动员按照动作技术的要求，协调地运用自身的力量完成动作，所以对力量素质的发展必须给予足够的重视，尤其是力量往往被作为选拔运动员的重要指标；在篮球选择队员时往往将力量素质训练的"原地纵跳摸高""助跑摸高""负重半蹲""仰卧起坐"等动作作为衡量一名运动员身体素质好坏和评价运动训练水平的指标。

（二）力量素质的分类

运动员力量素质的水平决定着速度与耐力素质，主要分为最大力量、速度力量与力量耐力三种类型。

1. 最大力量

最大力量，是指肌肉在随意一次性最大程度收缩中，神经肌肉系统所能够产

生的最大的力。在竞技运动项目训练中，最大力量往往表现为可能克服和排除的外阻力的大小。运动员参与竞技运动训练，其最大力量并不是一成不变的，而是常常处于动态变化之中的，这就要求运动员不断发掘自身能力的极限，充分发挥自己的最大力量，以保证力量训练的效果。通常情况下，最大力量训练多运用于田径的投掷、举重、摔跤、体操和柔道等竞技体育项目中。力量型运动项目的运动员常常采用增大肌肉体积、发展肌肉内和肌肉间的协调性的方法，以达到提高最大力量的目的。

2. 速度力量

速度力量，是指神经肌肉系统以最快的速度发挥最大力量的能力，也可以说是在最短的时间内最大用力的能力。速度力量对所有需要"爆发性"用力运动项目的成绩起着非常重要的作用，如短跑、跳远等项目。据研究发现，当运动员发挥速度力量时间小于150毫秒时，爆发力和起动力起主要作用，而当运动员发挥速度力量时间超过150毫秒时，最大力量则起作用。速度力量通常是以速度和加速度的形式表现出来的。在田径、举重、柔道、摔跤、短程游泳、球类、体操、对抗类项目、室内自行车和短程速滑等竞技运动项目中，速度力量都扮演着重要的角色，发挥着重要的作用。一般来说，速度力量主要有爆发力、弹跳力和起动力三种特殊的表现形式，主要内容如下。

（1）爆发力

爆发力是指神经肌肉系统以最短的时间产生最大加速度所爆发出的最大的肌肉力量的能力，它可以在150毫秒之内达到最大力值。爆发力通常用力的梯度和冲量来表示。爆发力是利用肌肉弹性能的一种力量，即在爆发力之前的一瞬间有一个极短暂的肌肉预拉长瞬间产生弹性能（约为原肌肉长度的5%），迅速向相反方向用力收缩的动作过程，如田径运动中的掷标枪项目，运动员在助跑投掷前展现出的慢弓状就同爆发力有着密切的关系。在众多的以速度力量为主的运动项目中，爆发力对运动成绩起着至关重要的作用。

（2）弹跳力

弹跳力是指神经肌肉系统在触地前瞬间被拉长，后再自动（触地）转化为缩短的过程中，以很高的加速度朝相反方向运动使身体产生跃起的能力。与爆发力相比，弹跳力有一个触地的动作过程。大量的研究证明，肌肉拉伸速度越快，肌肉工作的转换速度就越快，从而起跳的高度也越高。

（3）起动力

起动力是指神经肌肉系统在极短的时间内发展尽量高的力量的能力，即用力开始后约50毫秒就能达到较高力值的能力。在速度力量中，起动力是收缩时间最短的力，是在必须对信号做出迅速反应的运动项目上所表现出的一种力量能力。

3. 力量耐力

力量耐力，是指机体耐受疲劳的能力，其以较高的持续表现能力为特征，如竞技运动中的现代五项、铁人三项、中长跑、划艇、公路自行车以及足球等项目，均需要长时间抗疲劳的能力。

二、力量素质训练应遵循的原则

（一）力量素质训练要有系统性

力量训练应有计划地全年安排，保证训练的连续性和系统性。力量训练可使肌肉克服阻力的能力较快增长，一旦停止训练，消退得也较快。研究表明，力量增长得快，消退得也快，增长得慢，消退得也慢。若停止力量训练，已经获得的力量将按原增长速度的1/3消退。所以力量训练要按计划、逐步稳定地增长，这样既可以防止伤害事故发生，又可以减慢力量消退速度。根据优秀运动员的训练经验，每周进行1~2次力量训练，可保持已获得的力量；每两周进行4~6次力量训练，力量可望获得增长；每周进行3~4次力量训练，力量可获得显著增长。

（二）力量素质训练要把握"超量"原则

力量训练是建立在"超负荷训练"的基础之上的。所谓"超负荷训练"就是指要求肌肉完成超出平时的负荷。"超负荷训练"通常会引起肌肉成分特别是肌蛋白的分解。"超负荷训练"会导致超量恢复的产生。在超量恢复的整个过程中，肌肉的成分会重新组合，肌蛋白含量得到提高，从而使肌肉更加粗壮有力。因此，要经常不断地安排"超负荷训练"，以引起超量恢复，达到迅速发展力量素质的目的。在力量素质训练过程中逐渐增加练习负荷是最为重要的，但是重量不宜增加过快。力量增长后，要及时地增加练习负荷，或是增加重复次数。若最大力量练习的重复次数达到10~12次，则练习重量应增加3%~5%；若使重复次数减少到7~8次，而负荷量停留在原来的负重水平上，那么训练只能增加力量耐力。

（三）力量素质训练要全面、要有实用性

全面提高各肌肉群的力量，不但主动肌要得到提高，而且对抗肌要注意提高；不但要使大肌肉群得到训练，而且要注意发展小肌肉群和肢体远端肌群的力量。

这样不仅可以提高动作的协调性，更重要的是可预防受伤。力量训练手段和专项动作应力求一致。大多数运动项目的动作结构、用力方向、参与肌肉的用力形式及其工作方式、关节角度等均不相同，各有其自身特点。因此，发展力量时要努力做到一般力量训练和专项力量训练相结合。在安排力量练习时，必须对所从事的专项运动进行全面深入的分析研究。一般在比赛期，优秀运动员进行专项力量训练时，应该在动作结构、肌肉工作性质、用力的动力学特征上尽可能与专项动作和比赛动作保持相一致。但是，在训练的初期阶段不宜按此要求进行训练。周期性项目中提高专项力量素质应主要采用克制与退让相结合的动力性练习。

（四）力量素质训练要有科学性

1. 要掌握正确的动作姿势和呼吸方法

力量素质训练时，应注意正确的身体姿势，因为力量练习时不仅作用于各关节的力和力矩的大小发生变化，而且力矩的方向也会发生变化，如果动作不正确，不但达不到训练效果，甚至会造成运动损伤。因为憋气有利于固定胸廓，提高腰背肌紧张程度，可以提高练习时的力量，所以极限用力往往要在憋气的情况下才能进行。人们进行背力测定研究发现，憋气时的背力最大，为133千克，在呼气时为129千克，而在吸气时力量最小，为127千克。虽然憋气可提高练习时的力量，但用力憋气会引起胸廓内压力提高，使动脉的血液循环受阻，而导致脑贫血，甚至会发生休克。为避免产生不良后果，力量练习时必须注意以下几点：第一，憋气用力不要过于频繁。第二，学会和掌握在练习过程中完成呼吸。第三，在完成力量练习前不应做最深的吸气。第四，可以采用慢呼气来协助最大用力练习的完成。

2. 要掌握正确的练习顺序、方式

不同性质的力量练习同时进行时，首先安排发展肌肉爆发力的练习，然后是最大力量练习，最后是力量耐力练习。力量素质训练时练习负荷与练习方式要经常变换，防止机体对力量练习形成适应，这样会削弱力量练习的效果。长时间完成相对固定的力量练习，运动员机体会对练习刺激产生适应，那么这些练习就达不到训练刺激的目的。只有在训练方式不断变化的情况下，才能保证训练刺激的有效性，促进力量素质的不断增强。为此，可采用以下方法：第一，在可能的范围内改变负荷重量、重复次数和完成动作的频率；第二，改变练习的手段与方法；第三，使用的训练器材和负重方法多样化；第四，改变发展各肌群力量的练习顺序。

另外，在力量素质训练中要处理好负荷与恢复的关系。在一个训练阶段中，负荷安排应大中小结合，循序渐进高负荷量度；在小周期训练中，应使各种不同性质的力量训练交替进行，如在每周星期一、三、五可安排发展爆发力或最大力量为主的训练；在每组重复练习中，注意组间的休息；力量训练后，要特别注意使肌肉放松。

（五）力量素质训练要区别对待

1. 要针对女子生理特点进行训练

女性肌纤维比男子纤细，肌肉质量约占体重的 35%，而男性的约占体重的 43.5%；女性单位面积肌肉为男子的 96%，但肌肉绝对力量仅为男子的 60%~80%，爆发力约为男子的 42%~54%。此外，女性的骨骼也比男性纤细，骨质量为男性的 60% 左右，骨骼的抗断、抗压和抗弯能力均比男性差。这些特征决定了在力量项目上女运动员很难与男运动员相比，因此在力量训练时应当考虑女性的各种生理特点，制订切实可行的计划，特别注重肩带、上肢、腹部和骨盆等薄弱环节的肌肉力量训练。

2. 要针对运动员不同特点进行训练

由于运动员的年龄、健康状况、身体素质、技战术风格、训练水平等都存在鲜明的个体差异，因此力量训练的安排必须根据运动员的个人特点因人而异，区别对待。另外，青少年时期脊柱正处于生长发育阶段，因此，力量训练必须根据渐进性和适应性原则，进行科学合理的安排，以促进力量水平的迅速提高。

三、力量素质训练的方法

（一）力量素质训练的基本方法

1. 动力性克制收缩练习方法

动力性克制收缩练习方法是指肌肉在拉长状态下以近端固定收缩克服外阻力的力量训练方法。在体育技术中，为克服地心引力，支撑髋、膝、踝关节的伸肌群以近端固定收缩，使关节伸展，支撑反作用力推动人体进入腾空状态。为发展下肢肌肉的蹬伸支撑力量，以动力性克制收缩负重或徒手跳跃练习方法发展臀大肌、臀中肌、臀小肌、股四头肌、小腿三头肌等肌群克制性收缩力量。动力性克制收缩力量练习方法主要发展伸肌群的最大力量、速度力量和力量耐力素质。各种负重力量练习和跳跃力量练习都属于这种力量练习方法。

2. 动力性退让收缩练习方法

动力性退让收缩练习方法是指肌肉在拉长状态下以远端固定收缩克服外阻力的力量训练方法。在体育技术中，由于重力、冲撞力、冲量的作用，人体的支撑器官如下肢和脊柱等需要在维持一定的关节角度的同时进行吸收和缓冲冲撞力，避免人体受伤。在这种情况下，肌肉以远端固定，在缩短中被迫拉长，进行离心收缩。在这一过程中，伸肌群在缩短中拉长，而屈肌群同时在拉长中缩短，共同维持关节角度处在有利于伸肌发挥弹性势能的位置，并且能够承受更大的外部阻力。动力性退让收缩力量练习方法在发展屈肌群力量的同时，也发展伸肌群的弹性势能储备能力。跳深练习和有水平速度的单腿连续跳跃、双腿跳跃练习可以很好地发展肌肉的动力性退让收缩力量素质。

3. 等动力量练习方法

等动力量练习方法是指在等动力量练习器械上进行的肌肉抗阻力始终恒定的力量练习方法。外部阻力负荷始终随着负重关节角度的变化而变化，即恒速力量练习，或关节角度无论变化到哪个位置，都能承受最大负荷。因此，等动力量练习方法被认为是发展最大力量和避免受伤的最好的力量训练方法。游泳运动员常采用等动练习方法发展匀速的划水力量。

4. 超等长收缩练习方法

肌肉在外阻力作用下在缩短中被拉长，进行超等长收缩。超等长收缩与退让性收缩的不同之处是，前者强调的是在离心收缩时储备大量的弹性势能，在后续向心收缩时转化为对外做功的动能；后者则强调肌肉的退让拉长的缓冲作用和承受负荷的能力。例如，跳腿伸肌群在脚着地时会进行超等长收缩。

5. 静力性练习方法

静力性练习方法是指不改变肌肉长度、张力变化的力量练习方法。

6. 电刺激方法

电刺激力量练习方法是指利用电刺激替代神经冲动使肌肉产生收缩的力量练习方法。

7. 组合力量练习方法

组合力量练习方法是指将上述力量练习方法进行不同搭配组合进行综合力量训练的力量练习方法。

（二）力量训练的基本手段

1. 负重抗阻力练习手段

负重物、杠铃、沙袋等克服外阻力的负重力量练习手段。

2. 对抗性力量练习手段

将对手的力量作为阻力进行对抗力量练习。

3. 克服弹性阻力的练习手段

利用弹性物体的变形阻力发展身体的局部力量。

4. 利用外部环境阻力的练习手段

利用自然环境如沙滩、水阻力、山坡等进行力量练习。

5. 克服自身体重的练习手段

各种徒手的蹲起、跳起、跳跃、跳台阶等力量练习。

6. 利用专门力量训练器械的练习手段

利用各种综合的、单一功能的、专项的力量训练器械进行力量练习。

7. 电刺激力量练习手段

（三）最大力量训练方法

1. 重复法

重复力量训练方法的负荷特征是：重复一种多重量级别或重复多种力量练习内容，强度为75%～90%，重复组数6～10组，重复次数3～6次，组间歇3分钟。重复法可以加强新陈代谢，加强支撑器官的力量，提高协调性，发展基础力量素质和保持力量素质。重复法力量训练能够有效地增加肌纤维的粗度，使肌肉的横断面增大，肌肉力量增加。

杠铃深蹲重复练习方法举例：

练习强度：75%～85%（最大力量100千克）

练习方案：60千克×3组×8次（组间歇3分钟）

65千克×3组×8次

70千克×3组×6次

75千克×3组×6次

80千克×2组×3次

85千克×2组×3次

重复组数和重复次数的增加意味着力量素质的提高，还要增加负荷的重量或提高强度。当能够完成重复次数时，便能承受更大重量的负荷，甚至超过最大负荷。采用重复法发展最大力量素质比较适合力量训练水平较低、刚开始进入力量强化训练的青少年运动员。在准备期前期，宜采用重复法发展基础力量素质和支撑力量能力。

2. 强度法

强度法的负荷特征是：以85%的强度开始负荷，经过5~6个重量级别之后达到最大负荷强度，即100%强度。重复组数6~10组。重复次数1~3次。组间歇3分钟。强度越大，重复次数越少。强度法可有效地改善肌肉的内协调能力，使肌肉的最大力量增加而不增加体重或少增加体重，多增加力量。这是在不增加体重情况下增加相对力量的较好的途径。

强度力量素质训练法举例：

（1）铅球运动员伍兹采用强度法进行的力量训练方案：

最大力量指标：卧推230千克，深蹲300千克，高翻180千克，弯举90千克成组练习。

推铅球成绩：22.20米

星期一、四：卧推5组×3~5次，弯举5组×8~12次。

星期二、五：深蹲4组×3~5次，高翻4组×3~5次，负重仰卧转体3组×8~12次。

星期日：力量测验。

（2）杠铃深蹲负重强度法举例：

练习强度：85%~100%（最大力量180千克）

练习方案：150千克×1组×3次（间歇3分钟，走动）

160千克×1组×3次

165千克×1组×1次

170千克×1组×1次

175千克×1组×1次

180千克×1组×1次

举重运动员采用强度法，后3个重量级别可以以2.5千克递增。其他项目最大力量素质的运动员采用5千克递增的强度法可最大限度地动员神经中枢的兴奋冲动，一次性地发挥出最大力量。投掷、跳跃运动员多采用强度法发展最大力量素质。强度法力量训练方法在准备期后期采用，可以提高专项力量的强度。最好在重复法之后，有了一定力量训练基础之后，再采用强度法进行最大力量训练效果更好。

3．极限强度法

极限强度法也叫"保加利亚法"或"阶梯式力量训练法"。极限强度法的负荷特点是：突出最大强度或超最大强度，在90%强度至110%强度之间确定5～6个强度级别，重点是97.5%和100%强度。在达到最高强度之后，以10千克递减两个重量级别。

极限强度法负荷方案：

强度90%×3组×3次；强度95%×2组×2次；强度97.5%×2组×2次；强度100%×2组×1次；强度100%以上×1组×1次。以10千克为单位递减两个重量级别。组间歇3分钟。

极限强度法与强度法的不同之处在于，极限强度法开始强度较大，为90%，达到100%强度之后还要上一个强度，即超最大强度，向极限挑战，然后大幅度地递减两个重量。举重运动员采用极限强度法发展最大力量对于提高比赛能力效果较好。

4．退让练习法

退让练习法是指负重或从高处跳深发展屈肌群力量和伸肌群等。

长离心收缩力量的练习方法。退让练习时，肌肉工作的最大张力比克制性和静力性工作的最大张力大1.2～1.6倍。

退让性练习的强度以140%～190%或120%～190%为宜。跳深练习采用的跳下高度超过1米，为1～1.6米。发展伸肌群的最大的超等长收缩力量。负较重的杠铃深蹲进行退让练习时，要有保护，或在专门器械上练习。采用仰卧蹬杠铃慢放的方法也可以发展腿部肌肉的退让性工作能力。

5．静力性练习方法

静力性力量练习可以发展肌肉的最大力量，也可以发展肌肉的力量耐力。发展哪种力量素质，取决于静力性力量练习的负荷强度和静力负荷持续的时间。

静力性力量练习方案：

强度50%×2～4组，组持续时间20秒以上，组间歇3～4分钟。发展力量耐力素质。

强度50%～70%×2～4组，组持续时间12～20秒，间歇3分钟。发展力量耐力素质。

强度70%～90%×4～6组，组持续时间8～12秒，间歇3分钟。发展最大力量素质。

强度90%以上×3~5组,组持续时间3~6秒,间歇3分钟。发展最大力量素质。

6. 电刺激法

电刺激引起的肌肉收缩在本质上与其他力量训练时肌肉收缩是相同的。电刺激可以增加局部肌肉力量而不增加肌肉的重量。研究表明,举重运动员运用电刺激法进行力量训练,10天后股四头肌力量由308千克增加到375千克,增长率为21.75%;肱三头肌经过7~10次电刺激后,力量增加23.8%。同时,采用其他力量练习方法,肱三头肌力量仅增加8.7%。游泳运动员采用电刺激法发展不同原动肌力量效果较好。电刺激法分直接刺激法和间接刺激法两种。直接刺激法是将两个电极固定在肌肉末端,频率2500赫兹,收缩最强烈。间接刺激法使用电脉冲电流仪,通过两个趋肤电极传输到肌肉,频率1000赫兹时肌肉收缩状态最为理想。运用电刺激法时,也可以用电极针扎在肌腹两端,进针深度3厘米,刺激频率100次/秒,每次时限0.1秒,刺激5~7秒,间隔3~5秒,共15分钟,隔日一次。电刺激获得的力量消失较快,停止电刺激15天后力量下降。电刺激法可以作为力量训练的辅助手段,也可以用于因伤不能进行正常的力量训练的运动员发展力量素质。

7. "长力量不长体重"的最大力量训练方法

除了少数项目之外,大部分项目的运动员都希望在力量训练中能够收到既长力量又不长体重的训练效果。肌肉的收缩力量与肌肉的体积大小有关,也与参与收缩的肌纤维数量多少有关。增长肌肉力量的训练要沿着这两条途径展开。肌肉体积不够大,表明肌肉纤维的围度不够粗,收缩力量不够大,增加肌肉的体积意味着同时增加了身体重量。只有参加收缩的肌纤维数量最多,围度也足够大,肌肉收缩力量才最大。

人体运动时是采用特定的技术动作以展现特定的身体姿态和身体位置。构成身体姿态和改变身体位置的原动肌力及"核心力量"的大小取决于技术动力结构及其运行机制,即遵循用力的顺序、用力的力度、用力的节奏、用力的时间、用力的方向等技术的用力机制及特点规律。不同技术的不同的用力特点,决定了不同技术需要发展不同的肌肉(群)的力量素质。例如,跳高运动员的技术是越过横杆的高度,需要起跳腿发挥最大的肌肉力量,推动肢体垂直向上升起。跳高运动员的起跳腿的肌肉体积一定要足够大;拳击运动员的技术需要用拳击打对方,上肢及躯干的肌肉体积必然较大。因此，给我们的提示是：最大限度地发展专项技术的原动肌力量，不限制原动肌的体积，限制发展远离原动肌或"核心力量"的肌肉体积，如跳高运动员的上肢、拳击运动员的下肢肌肉体积，而保持整体重量的不变。然而，在实际力量训练中，仅仅进行这样的限制性训练是达不到"既长力量又不长体重"的训练效果的。原因在于力量训练的方法和手段在动作结构上与实际完整的专项技术结构相去甚远，即使采用具有专门功能的力量训练器械，也无法"非常准确"地发展特定的肌肉力量。如何解决这个难题？有两条途径：一是在力量训练中采用训练学的方法、手段"消除"或"抵消"由于肌肉体积的增加带来体重的增加的影响。如杠铃负重之后的大量的跳跃练习和肌肉拉伸练习，既可以改变肌肉收缩的性质和方向（变横向收缩为纵向收缩），抵消肌纤维横向增长的趋势，又可以恢复肌肉的弹性和柔软度，保持原动肌肉的收缩能力。同时，消耗了大量的能量，限制了体重的增长。二是进行大运动量的专项技术训练。事实表明，力量训练，包括负重力量训练和跳跃训练，只有与大运动量的专项技术训练相结合、相适应，才能充分地表现出技术训练的强度和难度。力量训练后隔一天的大运动量的专项技术训练，既可以满足力量与技术结合的需要，又可以解决因为大量消耗能量而降低或保持体重的问题。

训练课内容安排案例。

课程的内容：

（1）杠铃深蹲负重和跳跃练习

①选杠铃深蹲

持续时间：1.5小时（取决于练习的人数）

最大强度：85%～90%，设最大强度为100千克

练习内容安排：

70千克×3组×6～8次（间歇较充分，走动）

75千克×3组×6次

80千克×3组×6次

85千克×3组×6次

90千克×2组×4次

②继续跳跃练习

持续时间：30分钟

练习内容安排：

• 跳栏架。双脚起跳，越过栏架高度。在沙坑前沿放置栏架一副，60厘米为起始高度，递升高度直至极限高度100厘米。10厘米为一个高度差。每个高度每人越过6~8次，共跳30~40次。这个练习可以加大难度，如增加起跳的水平距离。

• 连续越过栏架。设6~10副栏架，栏间水平距离可以因人而调整，递增高度，跳3~6组。增加垂直高度，可以发展弹跳的垂直力量和跳跃的灵敏性；增加栏间的水平距离，可以发展跳跃的水平力量和爆发力量。

• 立定跳远3~6次。立定两级、三级双足跳远。在沙坑内进行。

• 立定三级、五级、十级单足跳远，最后一跳双足落入沙坑。

• 单足跳3~6组（一侧腿）5~10级。

• 跳深（单、双足）

（2）续肌肉拉伸练习

持续时间：30分钟

练习内容安排：

①下肢肌群的拉伸练习。

• 面对肋木单腿站立，支撑腿距离肋木50厘米。浮腿的脚踝在肋木条上与支撑腿同高，屈膝。双手握肋木。向下向后压腿，向后下方压腿至最大限度，停留数秒，复原。反复数次换腿。拉伸肌肉：大腿后侧肌肉。

• 背对肋木单足贴近肋木站立。浮腿最大屈曲挂在肋木上。向前、向下拉腿，挺髋，最大限度停数秒，反复数次，换腿。拉伸大腿前群肌肉。

• 面对肋木，双手握肋木，身体伸展向后撤退，双足跟始终与地面接触，最大限度拉伸。拉伸小腿三头肌。

②拉伸其他肌肉。

• 拉伸大腿内侧。

• 拉伸肩带肌肉。

• 拉伸体侧肌肉。

• 拉伸腹、背、腰肌。

• 各个关节韧带、软组织的拉伸。

③在垫上或气球上拉伸练习。

④放松练习（10~20分钟，慢跑、按摩等）。

（四）速度力量训练方法

1. 负重快速克制性力量练习法

负重30%~65%，以最快的速度完成力量练习。练习次数6~8次。间歇充分。

（1）负重计时法

完成一定次数的负重练习需要的时间。计每次练习的时间和每组练习的时间。由于计时练习，运动员要在尽量短的时间内完成一定次数的负重力量练习，需要加快练习的速度和动作频率，发展肌肉克制性收缩的速度。

（2）负重计数法

在一定时间内完成的负重力量练习次数。时间一定，计负重练习次数，运动员为完成更多的次数，往往加快练习的速度和动作频率。

（3）重-轻负重力量练习法

将重量增至90%~100%，然后大幅度地减轻负重量，如减至60%~30%，加快负重练习的速度。在跳跃项目中，先进行杠铃负重力量练习，然后穿沙背心进行跳跃练习，最后徒手进行跳跃练习或起跳练习，可以加快练习的动作速度。在投掷项目中，先投重器械，后投轻器械，可以提高出手速度。

2. 超等长快速力量练习法

在短跑和跳跃项目的脚着地瞬间，支撑腿的伸肌群在强大的冲量作用下进行超等长收缩。穿沙背心或徒手进行各种跳跃练习，可以发展下肢肌肉的超等长收缩能力。

（1）垂直跳深

垂直跳深是指原地从高处跳下-跳上练习，主要发展的是支撑腿伸肌群在超等长收缩条件下进行垂直克制性收缩的能力。因此，在从高处跳下时不能停顿，并且在保持合适的关节角度情况下借助反弹力跳起，跳高、跳远运动员的起跳需要这种力量素质。

（2）助跑单腿跳深

助跑的速度要逐渐提高，逐渐加大跳深的难度。间隔一定距离设置若干高度在30~50厘米的支撑物，进行单腿连续跳深或换腿跳深练习。这种跳深练习可以发展支撑腿肌肉在强大的冲量作用下连续跳跃能力，三级跳远运动员需要这种能力。

（3）跳台阶

连续向下跳台阶可以发展支撑腿肌肉的超等长收缩力量。

3. 发展肌肉弹性速度力量的练习法

在体育项目的技术动作中，发挥肌肉的弹性可以加强肌肉的收缩力量，同时，还可以控制技术动作的节奏、协调性和保护关节免受伤害。在大多数情况下，肌肉的弹性需要以快速的收缩形式表现出来。

（1）跳深

跳深发展的是肌肉在离心收缩过程中弹性势能转变为弹性动能的能力。

（2）各种跳跃

跳跃练习可以单独进行，也可以在负重力量练习之后进行大量的跳跃练习。

（3）各种拉力练习

掷标枪、游泳、越野滑雪等项目，需要运动员上肢肌肉发挥弹性力进行一次性的或周期性的拉引器械或水，产生弹性力量，完成具有弹性的拉力动作。拉力器、拉力弹簧、拉力橡皮条等有助于发展上肢肌肉的弹性力量。

（五）力量耐力训练方法

1. 重复法

采用重复法进行力量耐力素质训练，可以在运动员的肌肉工作能力允许范围内以最大的负荷量重复最多的次数和组数。这种力量训练对运动员的心血管系统和神经肌肉系统的影响是深刻和长远的。在准备期前期采用这种力量训练方法可以为后续的力量训练和速度训练打下坚实的肌肉力量耐力基础。

2. 循环法

采用循环法发展力量耐力素质，可以设置若干个力量练习站进行轮流式、分配式或流水式循环力量练习。

3. 等动力量练习

等动力量练习方法可以发展最大力量，也可以发展力量耐力。

（六）发展身体各部位力量素质的练习手段举例

1. 上臂力量练习手段

（1）窄握卧推。

（2）颈后臂屈伸。

（3）弯举。

（4）引体向上。

（5）爬绳。

（6）拉力器拉力练习。

（7）双杠屈伸臂练习。

（8）倒立屈臂推起。

2．前臂力量练习手段

（1）前臂负重屈伸练习。

（2）旋腕练习。

（3）斜板正握弯举。

3．肩部力量练习手段

（1）胸前推举。

（2）颈后推举。

（3）两臂前上举。

（4）直臂前上举。

（5）负重侧上举。

（6）直臂侧上举。

（7）提肘拉。

（8）挺举。

（9）平推杠铃。

（10）斜上推举。

（11）直臂拉力。

4．背部力量练习手段

（1）高翻。

（2）直腿硬拉。

（3）俯卧上拉。

（4）宽握引体向上。

（5）颈后引体向上。

（6）直臂前下压。

（7）双臂下拉。

5．腰部力量练习手段

（1）山羊挺身。

（2）负重弓身。

（3）负重体侧屈。

（4）负重侧拉。

（5）负重体环绕。

（6）负重两头起。

（7）仰卧硬人。

6. 胸部力量练习手段

（1）颈上卧推。

（2）斜板卧推。

（3）仰卧扩胸。

（4）直臂扩胸。

（5）直臂侧下压（侧拉）。

（6）俯卧撑推手。

7. 腹部力量练习手段

（1）仰卧起坐。

（2）半仰卧起坐。

（3）蛙式仰卧起坐。

（4）仰卧举腿。

（5）悬垂举腿。

（6）举腿绕环。

（7）负重转体。

（8）负重仰卧起转体。

（9）两头起。

（10）俯卧硬人。

8. 腿部力量练习手段

（1）颈后深蹲。

（2）胸前深蹲。

（3）半蹲。

（4）半静蹲。

（5）腿举。

（6）负重伸小腿。

（7）俯卧屈小腿拉力。

（8）负重跳。

（9）负重提踵。

（10）各种徒手跳跃。

9．全身力量练习手段

（1）窄上拉。

（2）宽上拉。

（3）高举。

（4）箭步抓。

（5）抓举。

（6）挺举。

（7）高翻。

（8）箭步翻。

（9）高翻挺举。

（10）双手前、后抛实心球。

（11）前、后抛铅球。

第二节　促使速度素质提升的训练方法

一、速度素质的概念和分类

（一）速度素质的概念

速度素质是指人体或人体的某些部位快速运动的能力。在人体与器械整体运动中，速度是指人体—器械整体快速运动的能力。速度能力包括快速移动能力、快速完成动作的能力和快速反应能力，即所谓的移动速度、动作速度和反应速度。

速度素质是个体神经—肌肉支配系统反应的灵活性、反应时、肌肉收缩速度等综合能力的体现。速度素质是指以最短时间通过一定距离的能力，以最短时间完成一定幅度动作的能力，神经冲动以最短时间通过反射弧的能力。

（二）速度素质的分类

1．反应速度

反应速度是指个体运动员的听觉、视觉、触觉、动觉对各种信号刺激的反应时间，即反应时。这种能力取决于神经传递反射弧的灵敏性。机体的感受器感受到刺激时，信号由感觉神经元传入神经中枢，由中枢神经发出指令，经运动神经元传出至效应器，肌肉收缩产生动作，这一神经—肌肉反射过程的快慢决定了反应速度的快慢。短跑运动员起跑时蹬离起跑器的时间长短，取决于运动员听到发令枪声后"推手"和"蹬腿"的反应时长短。优秀短跑运动员的起跑时间为0.15秒左右，0.18～0.20秒的反应时是优秀水平的反应时。球类项目的运动员的反应时取决于视觉反应时和动觉反应时。如乒乓球运动员能在0.15～0.18秒时间内"看"到对手的发球并迅速做出回球的动作反应。在特殊情况下，如既盲又聋的，反应时取决于触觉等感觉的反应。反应速度的遗传力达0.75。反应速度的训练主要是充分挖掘遗传潜力，熟练掌握技术动作，集中注意力及改善专项反应时。

2. 动作速度

动作速度是指在单位时间内完成动作的多少。动作速度包括完成整套动作的速度、完成单个动作的动作速度和动作速率。在体育运动中，整套动作是指一次完成的完整动作，如掷标枪的"最后用力"动作，自投掷臂一侧的脚着地的"转蹬"开始，经另侧脚着地完成"满弓"形，至"转髋"——"转肩"——"鞭打"——"出手"为止，为一个整套的完整动作。"最后用力"过程的动作速度是指整套动作的平均速度。实际上整套动作的速度是加速度，尤其是"鞭打"动作，自躯干至手腕的"鞭打"动作是连贯的动量传递和逐渐加速过程。单个动作的动作速度是指在整套动作中完成某一动作或完成某一动作环节的动作速度，如"鞭打"动作速度、"出手"速度。动作速率是指动作的频率及单位时间内完成动作的多少。动作速度的大小取决于神经—肌肉系统的调节，取决于肌肉收缩的速度和相对力量、速度力量的大小，取决于肌肉工作的协调性和技术动作的熟练程度。力学上，动作速度包括动作的平均速度、瞬时速度、加速度及角速度、角加速度。

跳远的起跳速度是平均速度，腾起初速是瞬时速度，也是加速度。平均速度与瞬时速度是相对的，瞬时速度是单位较小的平均速度，它取决于动作时相的选择。在有支撑和无支撑旋转运动中，动作速度是角速度和角加速度。掷铁饼是有支撑旋转运动，在运动员的持饼三周旋转中，角速度是逐周增加的，至铁饼出手瞬间，由于旋转运动的突然停止使器械沿切线方向运动，角加速度变为线加速度，铁饼沿斜直线飞出。自由式滑雪空中技巧是有支撑和无支撑的旋转运动。虽然规则规定在跳台上转动要扣分，但是运动员的空中无支撑转动的动力却来源于台面的支撑转动，首先是不对称的摆臂引起的转动，其次是通过改变沿身体横轴和纵轴转动的转动半径使纵轴转动角速度增加，从而准确地完成空中的多周转体运动。

3. 移动速度

移动速度即位移速度，通常以通过一定距离的时间或单位时间内通过的距离来表示：V=S/T。跑速和游速＝步（划）长×步（划）频。决定步长的因素有肢体长度、关节柔韧性和肌肉力量。腿长及髋关节柔韧性好的运动员其蹬摆的动作幅度较大，但是如果缺乏足够的肌肉力量和动作速率也不能获得较大的移动速度。决定动作频率的因素有神经支配的灵敏性、神经冲动的强度和兴奋性、肌肉收缩速度、肢体交替运动的协调性及技术动作的熟练程度。对于移动速度而言，步长与步频的最佳搭配是获得最大速度的有效途径。移动速度包括平均速度、瞬时速度、加速度、角速度、角加速度、初速度、末速度。100米跑10秒，是指平均速度；起跑蹬离起跑器的时间约0.15秒是瞬时速度；100米跑的前30米跑时间为2.58秒是加速度；跳远的助跑最后一步速度是末速度；跳远起跳腾起速度是初速度；自由泳运动员手臂的划水动作可以视为肘关节和肩关节的角位移运动，产生角速度和角加速度。

在一个项目中或在一个项目的某一动作环节中，可能同时包括反应速度、动作速度和移动速度，如起跑动作；也可能包括动作速度和移动速度，如途中跑。各种速度之间存在着互为相关的关系。

二、影响速度素质的因素

（一）神经—肌肉反射系统

信号刺激—感受器（视觉、听觉、触觉等）—神经中枢（大脑皮层）—效应器（肌纤维），神经—肌肉反射系统是一个条件反射弧，神经传递在反射弧的每一环节的反应都需要时间，其中在大脑皮层延搁的时间最长，称为中枢延搁。视觉、听觉、触觉等感受器的敏感程度决定了感受时间。注意力高度集中、适宜的紧张度、没有感官疲劳，可以缩短感受时间。刺激信号的选择性、复杂性及刺激强度，决定了大脑皮层"分析"过程的时间延搁，复杂反应时比简单反应时长。肌肉的适宜紧张比肌肉放松时反应时缩短7%左右，肌肉的疲劳使反应时延长。

随着动作技能的逐渐熟练，反应时会明显缩短。研究显示，简单反应时可缩短11%～18%，复杂反应时可缩短15%～20%，而且反应的稳定性明显增强，这是建立条件反射过程成熟阶段的标志。总之，感受器、效应器的敏感程度、兴奋性、疲劳程度、刺激信号的强度、选择性、复杂程度、技术动作的熟练程度等因素决定了神经—肌肉系统的反射时间。

（二）肌纤维类型及肌肉能量储备

人体骨骼肌分为快肌纤维（白肌纤维）、慢肌纤维（红肌纤维）和介于二者之间（中间型）的肌纤维。人体内肌纤维类型的数量是由遗传基因决定的，个体内三种类型的肌纤维的比例一定，后天不能互相转化，但可以通过专门的训练改变中间类型肌纤维的功能，如增加毛细血管数量来强化肌肉的速度耐力素质的专项性。个体快肌纤维的比例高、肌肉收缩的速度快，速度素质就好。白肌纤维周围没有毛细血管，不能进行有氧代谢，但白肌纤维中的三磷酸腺苷（ATP）、磷酸肌酸（CP）含量高，ATP、CP 无氧非乳酸功能，是速度的能量来源；白肌纤维肌糖原在 ATP、CP 储备动用完之后，进行无氧酵解至乳酸，生成 ATP、CP 供能，是速度耐力的能量来源。合理的速度素质训练不但可以提高肌肉中 ATP、CP 的含量，提高 ATP、CP 的能量储备，而且也可以提高 ATP、CP 的再合成速度及能量利用的能力。

（三）力量与技术水平

$F=m \cdot a$，力量等于人体质量与加速度的乘积。质量一定，力量与加速度成正比，力量越大加速度越大，人体运动速度越快。由于加速度与质量成反比，因此，增加相对力量是增加加速度的有效途径。力量与速度相辅相成。在训练中往往采用发展速度力量的方法、手段发展速度素质，如短跑运动员在采用负重计时手段发展速度力量素质的同时也发展了速度素质。而 30 米起跑等速度练习也发展了爆发力素质。

合理而熟练的技术水平有利于速度的发挥。动作幅度、动作方向、动作节奏、动作力度、动作距离、动作的协调等技术因素直接影响着速度的发挥。同理，速度、力量、耐力、柔韧性等素质也直接影响着技术水平的发挥。它们共同组成运动员的竞技能力结构的核心构件。在比赛中，专项素质和技术水平对于战术的发挥和成绩的获得起着至关重要的作用。

三、速度素质训练的方法

（一）发展速度素质的基本方法

1. 重复法

短时重复法用于发展速度素质和改进技术，中时重复法用于发展速度耐力。短时重复法的特点是负荷时间较短，为 2～30 秒，负荷强度最大，为 90%～100% 强度，间歇较充分，心率恢复至 120 次/分进行下一次练习，发展 ATP、CP 供能能力；中时重复法的负荷时间较长，为 30～120 秒，负荷强度次大，为 85%～90%，间歇较充分，主要发展糖酵解供能能力。速度和速度耐力是无氧代谢供能,即非乳酸供能和乳酸供能。

方案:发展游泳运动员的无氧供能能力方法举例

(1)短冲法

例:10×12.5米;10×15米;8×25米;2~4×50米。短冲法是典型的无氧供能方式的训练,主要发展速度和绝对速度,超短距离,间歇时间较长,心率和呼吸次数的恢复更接近安静时的基础水平,冲刺时间一般不超过30~35秒,常用距离为25~50米。在一次全力冲刺中,运动员吸入的氧气量跟不上氧气消耗量,就会形成负氧债,在短时间内感到呼吸困难,因而称为缺氧训练法。短冲法可有效地提高运动员肌肉中ATP与CP的含量、无氧代谢酶的活性,加快糖酵解的速度。另外,由于用最大力量和最快速度划手和打腿,从而提高肌肉的速度力量,提高神经紧张与放松快速交替转换的能力,进而提高快速游泳技术。

以提高速度能力为目标的短冲训练手段示例:

10×12.5米,90%~100%,间歇12~25秒。

10×12.5米,90%~95%,间歇8~10秒。

8×25米,95%~100%,间歇30~40秒。

8×25米,90%~95%,间歇25~35秒。

4×50米,95%~100%,间歇60~90秒。

4×50米,90%~95%,间歇50~80秒。

(2)重复法

不同于短冲法的是,重复法要求控制速度。随着练习次数的增加,疲劳不断积累,间歇时间适当延长。在短距离(50~100米)重复时,间歇时间至少要等于该练习所用时间的3倍(1:3);较长距离(300~400米)重复时,间歇时间不必太长,心率恢复达到100~110次/分开始下一次练习。重复训练法可以提高速度感和动作节奏感,从而学会在比赛中合理分配体力和控制速度。重复法是以强度为中心的训练方法,对神经中枢兴奋与抑制的转换、对大脑皮层与肌肉的协调能力要求较高。采用50米以下距离的重复练习,主要发展肌肉力量和速度,是非乳酸供能;采用75~400米距离的重复练习,主要发展速度耐力。由于较长时间对呼吸系统和血液循环系统提出较高要求,对缺氧和耐乳酸能力的提高有作用。重复训练主要用于训练后期和赛前减量期,是提高训练强度的手段。重复训练的安排不要集中,要分散安排,一般每周安排1~2次为宜。如安排过于集中,长时间进行大强度的重复训练,会使肾上腺素大大减少,肾上腺素的作用是使心跳频率加快，打开毛细血管，减少外周阻力，使代谢水平提高，能量供给充分。肾上腺素减少会使机能下降，疲劳积累。

重复训练法示例：

发展速度 4×50 米，全力游，提高每个游速。

发展速度耐力 4×100 米，3×200 米。

发展速度和速度耐力 200 米，100 米，2×50 米，逐渐增加速度，缩短距离。

（3）负分段游组

在反复游组中，要求完成每一游距时后程游速比前程快。

例一：10×400 米，每个 400 米游速为 90%，但在每个 400 米中要求后 200 米游速比前 200 米游速快，如 400 米自由泳成绩是 4 分 20 秒，前 200 米为 2 分 12 秒，后 200 米为 2 分 08 秒。

例二：4×200 米，第一个 200 米后 50 米快；第二个 200 米后 100 米快；第三个 200 米后 150 米快；第四个 200 米全力游。

（4）耐乳酸训练

这一训练为长时间产乳酸大于消乳酸的能力训练。

例：50～200 米，总量为 400～600 米，练习时间与间歇时间 1：1～1：2，95%～110% 比赛速度，根据距离不同，血乳酸控制在 6～12mmoL/L，心率达到最高心率减去 10 次/分。

（5）乳酸峰训练

这一训练法使训练强度达到最大产乳酸能力。

例：25～100 米，总量为 200～400 米，练习时间与间歇时间 1：2～1：8，用 100%～110% 比赛强度，心率达到最高心率减 10 次/分，血乳酸控制在 10～18 mmoL/L。

（6）速度训练

这一训练法可提高最大速度能力。

例：12.5～50 米，总量为 100～200 米，练习时间与间歇时间 1：6～1：8，110%～120% 比赛速度，血乳酸控制在 2～3 mmoL/L。

2. 间歇法

采用高强性间歇训练法发展糖酵解供能能力，发展 ATP、CP 和糖酵解混合供能能力；采用强化性间歇训练法主要发展无氧—有氧混合供能能力。400 米跑成绩达 43 秒左右，是 ATP、CP 和糖酵解混合供能。发展 400 米跑运动员的速度耐力可采用高强性间歇训练法；800米跑成绩达1分32秒，是无氧—有氧混合供能，采用强化性间歇训练法发展800米跑运动员的专项速度耐力。

方案：发展400米、800米跑运动员速度耐力的训练手段举例

（1）发展400米跑运动员的ATP、CP和糖酵解混合供能能力

300米×4~6组，间歇1：2，强度为90%~95%。

400米×4~6组，间歇1：3，强度为85%。

300米×4~6组，间歇1：5，强度为85%。

（2）发展400米跑运动员的糖酵解供能能力

400米×10~20组，间歇1：3~1：8，强度为85%~90%。

500米×4~6组，间歇1：5~1：8，强度为80%。

（3）发展800米跑运动员的无氧—有氧混合供能能力

600米×4~8组，间歇1：3，强度为90%~95%。

800米×4~6组，间歇1：3~1：8，强度为80%。

600米×4~6组，间歇1：5~1：8，强度为85%。

（4）发展800米跑运动员的最大吸氧量能力

1000米×4~6组，间歇1：1~1：3，强度为80%。

3. 比赛法

采用教学性比赛、检查性比赛、模拟性比赛及适应性比赛的方法发展专项速度和速度耐力，可以收到比训练更大的效果。研究表明，测验性比赛比平时训练时机能水平发挥的程度要高10%~15%，正式比赛比平时训练机能水平要高出15%~20%。显然，比赛是最能充分动员机体机能储备、调动神经中枢的兴奋性、从而表现出最好运动成绩的训练手段。运动员可以参加短于专项距离项目的比赛，以提高专项速度能力。

4. 变换法

由于发展速度和速度耐力经常采用重复法和间歇法，运动员对神经兴奋与抑制转换节律易产生消极适应，甚至形成"速度障碍"，因而采用变换训练法可以减轻或消除这种消极影响。

（二）发展速度素质的手段

1. 发展反应速度的手段

（1）听信号起动加速跑

在慢跑中听到信号后突然起动加速跑10~15米，重复8~10次。

（2）小步跑、高抬腿跑，听信号后加速跑

原地小步跑、高抬腿跑，听到信号后突然加速跑 15~20 米，重复进行。

（3）俯卧撑听信号跑

俯卧撑听信号后突然起跑 10~15 米，重复进行。

（4）听信号转身起跑

背对前进方向，听到信号后迅速转身 180°，起动加速跑 10~15 米，重复进行。

（5）听枪声起跑

站立式或蹲踞式，听枪声后起跑 20~30 米，3~5 组×3~6 次，强度为 90%~95%。

（6）反复突变练习

练习者听各种信号后分别做上步、退步、滑步、交叉步、转身、急停等动作。

（7）利用电子反应器

依据不同的信号，用手或脚压电扣，计反应时。

（8）两人对拍

两人面向站立，听到信号后用手拍击对方的背部，在规定时间内，拍击次数多者为胜。

（9）反应起跳

练习者围圈站立，圈内 1~2 人，站在圆心手持小树枝或小竹竿，持竿人持竿画圆，竿经谁脚下谁起跳，被竿打上者进圈换人，可突然改变方向。

（10）"猎人"与"野鸭"

"猎人"围圈而立，站在画好的圈内，1~2 人手持皮球击打圈内的"野鸭"，"野鸭"为"猎人"的 1/3，"野鸭""猎人"互换角色。

（11）找伙伴

练习者绕圈慢跑，听到"三人"或"五人"口令后，练习者立即组成规定人数的"伙伴"，不符合规定人数的为失败组，失败组罚做俯卧撑、高抬腿等练习。

（12）追逐游戏

两队相距 2 米，分为单数队和双数队，听到"单数"口令，单数队跑，双数队追，反之亦然。在 20 米内追上为胜。

（13）起动追拍

两人一组前后距离为 2~3 米慢跑，听到信号后开始加速跑，后者追上前者用手拍对方的背部，20 米内追上为胜。

（14）多余的第三者

练习者若干，呈两人前后面向圈内围一圆圈而立，左右间隔 2 米，两人沿圈外跑动追逐，被追者可跑至某两人前面站立，则后面的第三者立即逃跑，追者追该第三者，被追上者为失败，罚做各种身体练习。

2. 发展动作速度的手段

（1）听口令或节拍器摆臂

两脚前后开立或呈弓箭步，听口令或节拍器快速前后摆臂 15～30 秒，2～3 组。

（2）原地快速高抬腿或支撑高抬腿

站立或身体前倾支撑肋木快速高抬腿 10～30 秒，4～6 组。

（3）仰卧高抬腿

仰卧快速高抬腿 10～30 秒，也可以拉橡皮条。

（4）悬垂高抬腿

手握单杠悬垂，两腿快速交替做高抬腿动作，20～50 次，2～4 组。

（5）快速小步跑

15～30 米，3～5 组，最高频率，强调踝关节屈伸当中的连贯性和协调性。

（6）快速小步跑转高抬腿跑

快速小步跑 5～10 米，身体前倾转快速高抬腿跑 20～30 米，4～6 组。

（7）快速小步跑转高抬腿转加速跑

小步跑 10 米转高抬腿跑 10 米转加速跑 10～20 米。

（8）高抬腿跑转加速跑

快速高抬腿跑 10～15 米转加速跑 20 米。

（9）高抬腿跑转车轮跑

高抬腿跑 10 米转车轮跑 15 米，2～4 组×4～10 次。

（10）快节奏高抬腿跑

高抬腿慢跑，听信号后加快节奏以最快频率跑 10～15 米。

（11）踏步长标记高频跑

在跑道上画好步长标记，在行进间听信号踏标记高频快跑 15～20 米，2～4 组×4～6 次。

（12）跨跳接跑台阶

跨步跳，听信号后快速跑台阶，要求逐个台阶跑，步频最高，如台阶固定可以计时跑，4~6组×6~8次。

（13）连续建立跨栏跑

5~6副栏架，栏间距短于标准栏间距1~2米，要求栏间跑加快频率，讲究动作节奏和加速跑，2~4组×4~6次。

（14）听节拍器或击掌助跑起跳

短程助跑，听信号加快最后三步助跑和快速放脚起跳，2~4组×8~12次。

（15）侧跳台阶

练习者侧对台阶站立，侧跳台阶，两腿交替进行，2~3组×6~8次。

（16）左右腿交叉跳

在一条线上站立，沿着线两腿向左右两侧方向交叉跳，交叉跳时大腿高抬，快速转髋，动作速度加快，20~30米×4~6次。

（17）上步、交叉步、滑步或旋转投掷轻重量的器械

铅球、铁饼、标枪等投掷运动员在发展专项动作速度时往往"最后用力"投掷较轻重量的器械。

（18）纵跳转体

原地纵跳转体180°或360°，连续跳10~20次。

（19）跳抓吊绳转体

助跑跳起双手抓住吊绳，后仰收腹举腿，转体180°跳下，10~15次。

（20）快速挥臂拍击沙袋。原地或跳起快速挥臂拍击高悬沙袋，30次×3~5组。

（21）转身起跳击球

吊球距地面3米左右，原地起跳用手击吊球后在空中转体180°落地，接着转身起跳击球，连续5~10次，重复3~5组。

（22）快速挥臂击球

原地或跳起挥臂击高吊的排球，连续击打，动作速度要快，有鞭打动作，20~30次，重复2~4组。

（23）起跳侧倒垫球

在排球网前站立，听信号后双脚起跳摸网上高物，落地后迅速垫起教练抛来的排球，连续10~15次，重复3~4组。

（24）两侧移动

两物体高120厘米相距3米，练习者站在中间左右移动，用右手摸左侧物体、

左手摸右侧物体，计 30 秒内触摸物体的次数，重复 3~4 次。

（25）对墙踢球

距墙 4~6 米站立，以脚内侧或正足背连续接踢。从墙上反弹回来的球，20~30 次，重复 3~5 组。

（26）移动打球

6 人站成相距 2 米的等边六角形，其中 5 人体前各持一球，听信号后徒手运动员快速移动循环拍打持球者手中的球，每次移动拍打 20 次，每人完成 2 次循环为一组，重复 2~4 组。

（27）快速移动起跳

在篮板左下角听信号后起跳摸篮板，落地后迅速移动到右侧跳摸篮板，8~10 次，重复 2~3 组。

（28）上步后撤步移动

根据教练的手势或信号在乒乓球台端线做上步后撤步移动练习，移动速度快，持续 30 秒，重复 2~3 次。

（29）交叉步移动

在乒乓球台端站立，听信号后左右做前交叉步移动练习，结合挥拍击球动作，动作速度加快，移动 20 秒，重复 2~3 组。

（30）技巧、体操、弹网运动员的转体练习

组合动作接转体动作尤其是接多周转体动作，要求运动员不仅要具有速度力量等素质，而且还要有快速的动作速率及熟练而协调的技术能力。

（31）高山滑雪中的"小回转"练习

在雪道上设置若干小回转旗门，练习快速、准确回转过旗门。

3. 发展移动速度的手段

（1）小步跑转加速跑

行进间快频小步跑，听信号后转为加速跑。20~30 米 ×2~3 组 ×2~3 次，组间歇 5 分钟。

（2）高抬腿跑转加速跑

行进间高频高抬腿跑，听信号后转为加速跑。10~15 米 ×2~3 组 ×2~3 次，组间歇 5 分钟。

（3）后蹬跑转加速跑

快速后蹬跑，听信号后转为加速跑。20 米 +20 米 ×2~3 组 ×2~3 次，

组间歇 5 分钟。

（4）高抬腿车轮跑转加速跑

行进间高抬腿车轮跑，听信号后转为加速跑。15 米 +20 米 ×2 ~ 3 组 ×2 ~ 3 次，组间歇 5 ~ 7 分钟。

（5）单足跳转加速跑

单足跳 10 ~ 15 米，听信号后转为加速跑 20 米，2 ~ 3 组 ×2 ~ 3 次，组间歇 5 分钟。

（6）交叉步转加速跑

交叉步跑 5 ~ 10 米，听信号后转体加速跑 20 米，2 ~ 3 组 ×2 ~ 3 次，组间歇 5 分钟。

（7）倒退跑转加速跑

倒退跑 10 米，听信号后转体加速跑 20 米，2 ~ 3 组 ×2 ~ 3 次，组间歇 5 分钟。

（8）加速跑

加速跑 60 米、80 米、100 米、120 米，3 ~ 5 组 ×3 ~ 5 次，组间歇 5 分钟。

（9）变加速跑

20 米加速跑达到最高速度时减速跑 10 米再加速跑 20 米，以此类推跑完一定的距离，组间歇 5 分钟。

（10）站立式起跑

听信号或枪声站立式起跑 30 米 ×3 ~ 5 组 ×3 ~ 5 次，组间歇 5 ~ 8 分钟，强度为 90% 左右。

（11）蹲踞式起跑

听信号或枪声蹲踞式起跑 30 米 ×3 ~ 5 组 ×3 ~ 5 次，组间歇 5 ~ 8 分钟。

（12）行进间跑

加速跑 20 ~ 30 米，到达指定的标记后行进间跑 20 ~ 30 米，行进间跑的距离可长可短，20 ~ 80 米，重复 2 ~ 3 组 ×2 ~ 3 次，组间歇 5 ~ 8 分钟。

（13）重复跑

强度为 90% ~ 100%，距离短于比赛距离的 1/3，重复 4 ~ 6 组 ×4 ~ 6 次，组间歇 5 ~ 10 分钟，如 100 米 ×5 组 ×5 次，组间歇 10 分钟，次间歇 5 分钟。

（14）上坡跑

坡度为 7 ~ 10 度，30 米、60 米、80 米 ×2 ~ 3 组 ×3 ~ 5 次，组间歇 5 ~ 8 分钟。

（15）下坡跑

坡度为 7～10 度，30 米、60 米、80 米×2～3 组×3～5 次，组间歇 5～8 分钟。

（16）上、下坡跑

在 7～10 度的坡道上往返跑，30 米上坡跑，30 米下坡跑，重复 2～3 组。

（17）顺风跑

风速 3～5 级，顺风跑 30 米、60 米、80 米×2～3 组×2～3 次，组间歇 5～7 分钟。

（18）牵引跑

在牵引机的牵引下按照一定的速度跑 20～60 米，重复 2～3 组×2～3 次，组间歇 5～7 分钟。

（19）让距离追赶跑

2～3 人一组，根据个体的速度水平前后相隔 2～5 米的距离，听信号后起跑，后者在规定距离内追上前者，重复 2～3 组×2～3 次，组间歇 5～7 分钟。

（20）接力跑

8×50 米、4×100 米、4×200 米、4×400 米接力跑。

（21）固定距离或固定步数反复跑

在需要起跳准确性高的项目中，如跳远、撑竿跳高、跳马，运动员要经常练习固定节奏的助跑速度。30～45 米×4～6 组×3～6 次。

（22）各种方式的跨栏跑

改变栏高，改变栏间距，改变栏间跑的步数和节奏，改变栏架的数量等。

（23）摸乒乓球台角移动

听信号后 30 秒左右移动摸乒乓球台两角，重复 2～3 次，间歇 2～3 分钟。

（24）变向带球跑

6 人站成一排，间隔 5 米，每人一球，根据教练的手势做前后、左右的带球、变向、急停、转身带球跑，重复 2～3 次。

（25）各种球类的移动速度练习

根据各种球类项目移动速度的特点，设计具有项目技术、战术特点的移动速度练习手段，如足球的进攻和防守的移动速度，乒乓球、羽毛球、网球运动员的脚步移动速度。

第九章　现代高校体育运动耐力与灵敏素质的训练方法

第一节　促使耐力素质提升的训练方法

一、耐力素质的概念及分类

（一）耐力素质的概念

耐力素质是指有机体在较长时间内，保持特定强度负荷或动作质量的能力。耐力与力量和速度这三种素质的结合，分别表现为力量耐力和速度耐力。运动员对长时间工作的心理耐受程度、运动器官持续工作的能力、能量物质的储备情况和长时间工作时有氧代谢的能力、掌握运动技术的熟练程度和功能节省化的水平等对耐力水平具有重要作用。运动员耐力素质越好，则抗疲劳的能力就越强，保持特定负荷或动作质量工作的时间也越长。耐力素质对各个项目的运动员来说都是重要的基础素质，而对于那些以有氧代谢为主要供能来源的项目来说，它对于提高运动成绩更有直接的意义。因此，耐力素质是运动成绩的基础条件，耐力训练应根据专项需要，采用适宜的训练手段和方法进行开发。

（二）耐力素质的分类

1. 训练学分类体系

从训练学角度来分，可以把耐力素质分为一般耐力和专项耐力。

（1）一般耐力

一般耐力是一种多肌群、多系统长时间工作的能力。无论专项特点如何，良好的一般耐力都有助于各种形式的训练取得成功。但是，由于一般耐力是不同形式耐力的综合表现，对不同的运动项目来说，项目特点对其有不同的要求。因此，在进行一般耐力训练时，应充分考虑一般耐力与专项耐力之间的关系。

（2）专项耐力

专项耐力是指运动员的机体为取得专项成绩而最大限度地利用机体的能力，克服因专门负荷所产生的疲劳的能力。专项耐力取决于专项运动的特点，运动员在进行训练和比赛的任何活动中都能体现出这种能力。

2. 生理学分类体系

从生理学角度来分，可将耐力素质分为心血管耐力和肌肉耐力。而心血管耐力又包括有氧耐力、无氧耐力和有氧与无氧混合耐力。

（1）有氧耐力

有氧耐力是指有机体在氧气比较充分的情况下，坚持长时间工作的能力。有氧耐力训练的目的在于提高运动员机体输送氧气的能力，促进机体的新陈代谢，为今后运动负荷的增加创造条件。如大多数球类项目和田径运动中的马拉松、越野跑、长跑、长距离竞走等项目中所需要的耐力。

（2）无氧耐力

无氧耐力是指有机体在氧气供应不足的情况下，能坚持在较长时间内工作的能力。无氧耐力训练的目的在于提高运动员机体承受氧债的能力。如体操、短距离游泳以及田径运动中的短跑和大多数投掷、跳跃项目所需要的耐力。

（3）有氧与无氧混合耐力

有氧与无氧混合耐力是介于无氧供能和有氧供能之间的一种耐力。它的特点是持续时间长于无氧耐力而短于有氧耐力。就像大多数对抗性项目，如拳击、摔跤、柔道、跆拳道以及田径运动中400米、400米栏和800米等项目所需要的耐力。

二、影响耐力水平提高的因素

耐力素质与人体其他素质密切相关，是多种因素共同作用的结果。

（一）最大吸氧量水平

最大吸氧量是指在运动过程中，当人体的呼吸和循环系统发挥出最大机能水平时，每分钟所能吸取的最大氧气量。最大吸氧量的大小对耐力素质的影响十分明显，因为最大吸氧量本身就是反映有氧耐力水平的一个重要指标。最大吸氧量越大，有氧耐力水平也就越高。在有氧运动项目中，运动员的最大吸氧量明显大于其他人。同样，最大吸氧量水平越高，耐力性运动的成绩就越好。

最大吸氧量在很大程度上受遗传影响。除此之外，最大吸氧量与肺的通气功能、氧从肺泡向血液弥散的能力、血液结合氧的能力、心脏的泵血功能、氧由血液向组织弥散的能力、组织的代谢能力等也有十分密切的关系。在以上诸因素中，具有明显可控量化指标的是血液结合氧的能力，血液结合氧的能力可通过血液中血红蛋白的含量来反映。血液中血红蛋白含量越高，血液结合氧的能力越大。

（二）中枢神经系统的功能

中枢神经系统的功能对耐力素质有很大的影响。中枢神经系统通过交感神经对肌肉、内部器官和各神经中枢起到适应与协调作用，如各神经中枢间的协调性程度、神经中枢与运动系统间协调性程度、运动系统间的协调性程度等，对提高肌肉活动的耐力水平具有重要意义。除此之外，中枢神经系统还能通过神经系统体液的调节，提高人体的耐力素质水平。如加强肾上腺素的分泌和肾上腺皮质激素的分泌，使心血管系统和肌肉工作能力提高，从而提高耐力水平。可见，中枢神经系统的功能对耐力素质有制约作用。反过来，耐力素质的练习又能促进神经系统有关功能的提高。这一点在发展耐力素质的过程中要引起充分重视。

（三）个性心理特征

运动员的心理素质、心理稳定性以及主观努力程度、运动动机与兴趣、自制力和忍耐力等都直接影响到耐力素质水平的发展。特别是忍耐力与耐力素质关系更为密切。所谓忍耐力是指人体忍受有机体发生变化后的能力。忍耐力的强弱与有机体发生变化的程度和其忍受时间的长短有关。忍耐力越强，人体也就越能长时间地忍受有机体发生的剧烈变化。如在以强度为主的长时间练习中，有机体就会发生很大的变化（如缺氧、酸性物质堆积等），在这种情况下，如果运动员的忍耐力不能忍受这种变化，练习就将终止，耐力素质的发展也只能停留在一定水平上。一般来说，耐力素质要得到最大限度的发展，就必须充分利用运动员的忍耐力去克服耐力发展过程中一个又一个的"极点"，不断突破机体的结构和功能的"临界状态"。

（四）机体的能量储备与供能能力

机体活动时的能量供应和能量交换的程度，在某种意义上取决于各种能量储备的大小和能量交换过程中的水平。能量储备越大，耐力的发展潜力也就越大。如肌肉中磷酸肌酸（CP）、糖原的含量越多，就有利于无氧、有氧耐力水平的提高。肌肉中的 CP 储备能保证速度耐力活动中的能量供应；而肌肉中的糖原储备则是耐力活动中能量供应的主要方面。能量供应的速度主要在于能量交换的速度，耐力水平高的运动员，其体内能量交换的速度也快，从而保证了能量供应在人体活动中的不间断。能量交换的速度主要和各种酶的活性有关，耐力训练能有效地提高各种酶的活性（如肌酸激酶、氧化酶等），加快 ATP 的分解及其合成速度。

（五）机体机能的稳定性

机体机能的稳定性是指机体的各个系统在疲劳逐步发展、内环境产生变化时，仍然能够保持在一个必要水平上。由于耐力活动会产生大量乳酸，乳酸的逐步堆积也会引起肌肉组织和血液中的 PH 值（酸碱度）下降，造成一系列人体机能能力下降的现象。如神经肌肉接点处兴奋的传递受到阻碍，影响冲动传向肌肉；酶系的活性受到限制，使 ATP 合成速度减慢；钙离子浓度下降，肌肉收缩能力降低等。由此可见，机体机能的稳定性往往取决于机体的抗酸能力，抗酸能力越强，稳定的程度就越高，时间也越长。影响机体抗酸能力的因素有许多，与血液中的减储备密切相关。碱储备是缓冲酸性的主要物质，习惯上以血浆中碳酸结合的碱含量来表示。运动员的碱储备比未受过训练的人高出 10% 左右，这对提高运动员的抗酸能力，保持技能稳定性十分有利。

（六）机体机能的节省化

耐力素质的水平还取决于机体的机能节省化程度。机能节省化和机体能量储备的利用率有很大关系。耐力活动中，各种协调性的完善、体力的合理分配都能有效地提高能量储备的利用率。如协调性的完善可以减少不必要的能量消耗；体力的合理分配则可以提高能量的合理利用程度（匀速能量消耗少，变速能量消耗大）。总之，高度的机能节省化，能使人体在活动时单位时间内能量消耗减少到一个最小的程度，从而保证人体长时间的活动。

（七）红慢肌纤维数量

人体肌肉纤维的类型及数量对耐力素质也有影响。肌肉中红肌纤维因含血红蛋白多，线粒体多，氧化酸化供氧能力强，收缩速度虽慢但能持久，适宜有氧耐力训练。耐力性项目运动员的肌肉中红肌纤维占的比重极大。优秀的长距离游泳运动员的三角肌中，红肌纤维可达 90% 左右。所以红肌纤维占优势的人，给发展耐力素质提供了良好的物质条件。

（八）速度储备能力

速度储备即以较少的能量消耗保持一定速度的能力。这也是影响耐力特别是影响专项耐力的因素之一。在周期性运动项目中，其重要作用尤为突出。如一名 100 米跑 10.5 秒的运动员，跑 400 米成绩达到 50 秒是很容易的，他的速度储备指数是 50 秒 /4-10.5 秒 =2 秒；而一名 100 米跑 12 秒的运动员，如 400 米成绩要达到 50 秒是很困难的，因为他的速度储备指数只有 0.5 秒。也就是说，如果运动员能以极快的速度跑完一个短距离，也能更容易以较低速度跑完较长的距离。因为速度储备较高的运动员能以较少的能量消耗保持一定的速度，达到轻松持久的效果，这是中距离项目运动员所要求的专项耐力。除此之外，运动技能水平的高低、体型、性别、体温等因素也都会在不同程度上影响耐力素质的水平。

三、耐力训练的方法

（一）有氧耐力训练方法

1. 匀速持续跑

适合项目：马拉松、10 000 米、5 000 米、公路竞走等。

目的：发展有氧耐力。

方法：跑的负荷量尽可能多，运动时间在 1 小时以上。心率控制在 150 次 / 分钟左右。

要求：匀速持续地跑进。

2. 越野跑

适合项目：所有中长跑和竞走项目。

目的：发展有氧耐力。

方法：跑的速度可以适当变化，心率控制在 150～170 次 / 分钟左右。运动时间在 1.5～2 小时。

要求：在空气清新、相对松软、有弹性的地面练习。

3. 变速跑

适合项目：1 500 米、3 000 米障碍、2 000 米障碍、5000 米。

目的：发展有氧耐力。

方法：负荷强度由低到高，心率控制在 130～150 次 / 分钟、170～180 次 / 分钟左右。练习持续时间在半小时以上。

要求：根据运动能力控制速度和距离。

4. 间歇跑

适合项目：800 米、1 500 米、2 000 米障碍、3 000 米障碍。

目的：发展有氧耐力。

方法：训练负荷量较小，训练中每次练习的持续时间不长。负荷强度较大，心率达到 170～180 次 / 分钟。在身体尚未完全恢复的情况下进行下一次练习，心率在 120～140 次 / 分钟。

要求：整个训练的持续时间尽可能延长，持续时间在半小时以上。练习中采用积极性休息的方式，如放松跑和慢跑。

5. 法特兰克速度游戏

适合项目：所有中长跑和竞走项目。

目的：发展有氧耐力。

方法：在野外、丘陵、山坡、平原的地形条件下，由练习者自己控制距离不等的快跑、慢跑、匀速跑、加速跑交替进行的持续练习。

要求：多用于调整训练课或过渡训练期。

6. 高原训练

适合项目：所有中长跑和竞走项目。

目的：激发机体的补偿机制，发展有氧和无氧耐力。

方法：世居海拔 1 600 米以上高原的运动员在系统的高原训练中，再上海拔更高的高原，进行 4～6 周的系统训练，再回到居住地训练 3～4 周，下平原参加重大比赛。世居平原的运动员定期上海拔 1 900～2 500 米的高原训练 4～6 周，然后下平原训练 3～4 周后，参加重大比赛。

要求：注意解决高原训练能量消耗大、易疲劳、恢复时间长以及训练过程难以控制等问题。也可以采用"仿高原训练器""低压氧舱"等训练设备，模仿高原训练的环境和条件进行训练。

（二）无氧耐力训练方法

1. 固定间歇时间跑

适合项目：100 米、200 米、400 米、400 米栏。

目的：发展乳酸供能无氧耐力。

方法：采用 80%～90% 的练习强度，心率达到 180～190 次/分钟。一次练习的持续时间和距离稍长，练习的重复次数不宜过多。

要求：间歇时间固定不变，可采用段落相等或不等的练习。如果段落不等，练习顺序应由短到长，在最后一组练习时基本保持规定的强度。

2. 逐渐缩短间歇时间跑

适合项目：100 米、200 米、400 米、400 米栏。

目的：发展乳酸供能无氧耐力。

方法：采用 80%～90% 的练习强度，心率达到 180～190 次/分钟。一次练习的持续时间和距离稍长，练习的重复次数不宜过多。

要求：间歇时间逐渐缩短，可采用段落相等或不等的练习。如果段落不等，练习顺序应由短到长，在最后一组练习时基本保持规定的强度。

3. 短段落间歇跑

适合项目：100 米、100 米栏、110 米栏、400 米栏。

目的：发展非乳酸供能无氧耐力。

方法：可采用 30～60 米距离，间歇时间 1 分钟左右。采用 95% 以上的大强度练习，持续时间 10 秒左右。

要求：保持高训练强度。较多的练习重复次数，组数根据练习者的情况而定。

4. 长段落间歇跑

适合项目：100 米、100 米栏、110 米栏、400 米栏。

目的：发展非乳酸供能无氧耐力。

方法：可采用 100～150 米距离，间歇时间 2 分钟以上。采用 95% 以上的大强度练习，持续时间 10 秒以上。

要求：保持高训练强度。练习的重复次数可以较多，组数根据练习者的情况而定。

（三）有氧和无氧混合耐力训练方法

1. 反复跑

适合项目：400 米、400 米栏、800 米、1 500 米。

目的：发展有氧和无氧混合耐力。

方法：采用 80% 以上的强度，每组反复跑 150 米、250 米、500 米之间距离 4～5 次。每组练习之间休息约 20 分钟。

要求：以预定的时间跑完全程。也可以采用专项的 3/4 距离进行练习。

2. 间歇快跑

适合项目：400 米、400 米栏、800 米、1 500 米。

目的：发展有氧和无氧混合耐力。

方法：以接近 100% 强度跑完 100 米后，接着跑 1 分钟，间歇练习。快慢方式对照组成一组，反复训练 10～30 组。

要求：根据练习者的实际情况增减和调整训练负荷。

3. 力竭重复跑

适合项目：400 米、400 米栏、800 米、1 500 米。

目的：发展有氧和无氧混合耐力。

方法：采用专项比赛距离，或稍长距离，以100%强度全力跑若干次，每次之间充分休息。

要求：短跑运动员可以采用30米。中跑运动员可以采用800米或1500米距离。

4．俄式间歇跑

适合项目：400米、400米栏、800米、1500米。

目的：发展有氧和无氧混合耐力

方法：固定练习中间休息时间，随训练水平的提高逐渐缩短中间休息时间。

要求：如在跑400米练习中，用规定速度跑100米后，休息20~30秒，如此循环反复训练，随着运动员水平的不断提高，练习中间休息时间就可以调整为15~25秒。

5．短距离重复跑

适合项目：200米、400米、400米栏、800米。

目的：发展有氧和无氧混合耐力。

方法：采用300~600米距离，每次练习强度为80%~90%，进行反复跑。

要求：注意速度分配的准确性，可以采用全程或半程的速度分配计划。

6．持续接力

适合项目：100米、200米、400米、400米栏。

目的：发展有氧和无氧混合耐力。

方法：以100~200米的全力跑，每组4~5人轮流接力。

要求：注意安全和练习过程中的协调配合。如果练习者人数充足也可以分成若干组进行训练比赛。

第二节　促使灵敏素质提升的训练方法

一、灵敏素质的概念及分类

（一）灵敏素质的概念

灵敏素质是指运动员在各种突然变换的条件下，协调、快速、准确地完成动作的能力。在熟练掌握运动技能的情况下，灵敏素质就能得到充分发展和提高灵敏素质并没有像其他素质一样有具体的衡量标准，只有通过动作的熟练程度来显示灵敏素质的高低。衡量灵敏素质的发展水平高低主要从三个方面来判断。首先，是否具有快速地反应、判断、躲闪、转身、翻转、维持平衡和随机应变能力。其次，是否能熟练掌握力量（爆发力）、速度（反应速度）、耐力、柔韧、协调性、节奏感等素质和技能，并以迅速准确的动作表现出来。最后，在完成动作时，是否能在任何不同的条件下自如地操纵自己的身体，准确熟练地完成动作。另外，在不同的运动项目中，对灵敏素质要求不同。例如：跳水、体操等需要身体位置迅速改变及空中翻转方面所表现的灵敏素质。

灵敏素质是协调发挥各种身体素质能力、提高技术动作质量、创造优异成绩的重要条件，它在体能训练中主要有两点意义。第一，是体能训练中，准确、熟练、协调完成动作，提高运动技能和身体素质的重要保证。第二，是运动员在比赛中巧妙地战胜对手、取得良好的成绩的重要保证。

（二）灵敏素质的分类

1. 一般灵敏素质

一般灵敏素质是指运动者在各种运动活动中，在各种突然变换条件的情况下，能迅速、准确地完成各种动作的能力，它是专项灵敏素质发展的基础。

2. 专项灵敏素质

专项灵敏素质是指在各种专项运动中，运动者能够迅速、准确、协调地完成专项运动各种动作的能力。它是在一般灵敏素质的基础上，不断重复专项技术和技能环节训练的结果。各项运动对灵敏素质有着不同的要求。例如：球类项目和格斗类项目动作复杂，没有固定的程序和动作模式，随时根据复杂比赛条件的变化，改变动作的方向、速度、身体姿势，主要强调反应、判断、躲闪、移动、随机应变、动作敏捷等能力。健美性运动的项目，则主要要求快速改变身体位置、空中翻转、时空感、节奏感和控制身体平衡等方面的能力。所以，专项灵敏素质具有明显的项目特点，必须根据专项机能的特异性，发展专项运动所需的灵敏素质。

二、灵敏素质训练的影响因素

（一）智力发展水平和敏捷的思维能力

运动员要想有良好的灵敏素质，必须要具备良好的智力发展水平和敏捷的思维能力。在运动活动中，各种运动技术和运动技能的灵活应用，深谋远虑的战术思想和实施计划，大脑神经活动过程兴奋与抑制的转换程度与快速工作能力的平衡，均取决于良好的智力发展水平和敏捷的思维判断能力。一个优秀运动员不仅要表现惊人的运动素质和超人的技能素质，而且还要表现出良好的思维能力，以及解决复杂与潜在的战术、技术等各个方面问题的能力。

（二）感觉器官的准确灵活性能

感觉器官的准确与灵活决定着灵敏素质的优劣，肌肉同样有着决定性的作用。感觉器官分析越完善，运动者对肌肉活动用力大小、快慢的分析能力就越高，完成动作就越精确。通过多年系统训练，可以使运动分析的能力得到全面提高。

（三）运动实践经验的丰富度

掌握基本运动技术越多、越熟练，不仅学习新的运动技能快，而且技术动作也显得更灵活，更富有创造力，表现出的灵敏素质也就越高。长期学习、运用各种技术动作和提高运动技能，可以提高运动实践经验的丰富度，实践丰富度越高，身体素质和技术动作"储备"就越多，因而灵敏素质水平才能不断提高。

（四）气温降低

气候阴郁潮湿、气温降低会使肌肉、韧带等一系列的运动器官灵敏度下降，影响灵敏素质。

三、灵敏素质训练的注意事项

（一）训练手段多样化

灵敏素质的提高发展与身体的各器官的机能改善有着很大的关系，而且一旦某个动作达到自动化程度，就没有明显的灵敏度提高的效果了。因此，就要变换手段发展灵敏素质，提高运动员各种分析器官和运动器官的机能。在具体训练过程中，可以采用以下几种手段进行训练。第一，可以采用快速变向跑、躲闪、突然起跑等训练，各种快速急停和迅速转体的练习，让运动者在跑跳的过程中迅速、准确、协调地完成各种动作。第二，采用各种调整身体方位的练习和专门设计的复杂多变的练习。如利用体操器械练习各种较复杂的动作，以及采用穿梭跑、躲闪跑和俯卧撑等相互结合进行训练。第三，采用不同信号反应练习和各种变换方向的追逐性游戏。

（二）结合专项综合训练

灵敏训练是提高运动能力的一个重要方面，在发展灵敏性的过程中，提高力量、速度、耐力、柔韧性是发展灵敏性的基础，应将它的发展与其他素质的发展结合进行。灵敏素质具有专项化的特点。例如，一个人在体操、技巧专项训练中能表现出良好的灵敏素质和协调性，但是在球类练习中就不一定也能表现出来。因此，在训练时，要因专项要求和项目特点的不同采用不同的训练手段，使训练效果与专项要求相一致。如体操、技巧等可多做一些移动身体方位的练习，而球类运动项目可多做一些脚步移动的躲闪练习。

（三）合理安排训练时间

在整个训练过程中，灵敏素质训练安排要系统化，训练时间不宜过长，重复次数也不宜过多。因为训练时间过长会导致机体疲劳，影响运动者的力量水平，速度也会减慢，节奏感被破坏，平衡能力会降低，这些情况都不利于灵敏素质的发展。此外，在具体训练过程中，一般会在训练课开始的部分安排灵敏素质的训练，因为此时运动者处在精神饱满、体力充沛、运动欲望强的状态下，能有效地减缓运动疲劳。

另外，在安排合理训练时间的情况下，要保证充足的训练间歇时间，偿还氧债和肌肉内 ATP 能量物质的合成。这也是减缓运动疲劳、提高灵敏素质的另一种方式。但休息时间又不可过长，休息时间过长会使中枢神经系统的兴奋性大幅度下降；在下次训练中就会减弱对运动器官的指挥能力，使动作协调性下降、速度减慢、反应迟钝，这必然影响练习的效果。一般来讲，练习时间和休息时间的比例控制在 1∶3 即可。

（四）因地制宜，区别对待

因地制宜，合理安排练习内容。由于不同的运动项目和锻炼者，对灵敏性都有不同的要求和表现形式，应根据其不同的特点和需求，区别对待。

（五）消除紧张的心理状态

当训练者心理产生紧张情绪时，必然会导致肌肉反应迟钝，动作的协调性下降，影响训练效果。因此，在进行灵敏性训练时，应采用各种有效的方法与手段，消除训练者紧张的心理状态和恐惧心理。另外，张弛有度的心理状态还能促进灵敏性素质训练的水平。

（六）女性生理期要进行特殊训练

要注意女性的生理特点，必要时要进行特殊的训练。女子进入青春期，由于体重的增加，有氧能力下降，以及内分泌系统变化所致，灵敏性会出现明显下降，但这属正常生理性下降。锻炼者应正视这一规律，适当调整锻炼计划，青春期后，灵敏性仍会恢复和发展。

四、灵敏素质训练的方法

（一）灵敏素质训练的基本方法

第一，在跑、跳中做迅速改变方向的各种躲闪、突然起动以及各种快速急停和迅速转体训练等。

第二，做各种调整身体方位的训练。

第三，做专门设计的各种复杂多变的训练，如用"之字跑""躲闪跑""穿梭跑"和"俯卧撑"四项组成的综合性训练。

第四，以非常规姿势完成的训练，如侧向或倒退跳远、跳深等。

第五，限制完成动作的空间训练，如在缩小的球类运动场地进行训练。

第六，改变完成动作的速度或速率的训练，如变换动作频率或逐步增加动作的频率。

第七，做各种变换方向的追逐性游戏和对各种信号做出应答反应的游戏等。

此外，体能训练中灵敏素质的训练还有很多，常见的训练手段见表9-1。

表9-1 发展灵敏素质的训练方式

序号	训练方式	训练实例
1	用非常规姿势完成训练	各种侧向或倒退方向的训练，如侧向或倒退跳远、跳深等
2	用对侧肢体或非常规姿势完成动作	用对侧臂掷铁饼或推铅球；用对侧脚盘带球或踢球，做反方向拳击防护
3	限定完成动作的空间	如球类运动缩小场地的训练
4	改变完成动作的速度频率	变换频率；逐步增加频率
5	改变技术环境或动作	如采用不熟悉的跳高、跳远技术；以起跳腿或非起跳腿进行超过机械或障碍的常用跳远技术训练
6	通过增加辅助动作提高训练难度	采用不同器械，设立不同目标，完成各不同任务的来回跑和接力跑
7	已掌握技能与新技能相结合	完成部分体操或花样滑冰中的成套动作。运用新学技能进行游戏或比赛
8	增加训练同伴的对抗能力	增加对方队员人数并使用不同战术；与不同的队进行比赛
9	制造非常规的训练条件	改变训练场地条件
10	进行相关与非相关项目训练	各种游戏或比赛；完成各种项目的技术动作或技能

（二）灵敏素质训练具体方法

1. 徒手练习

徒手练习法主要有单人练习和双人（结伴）练习等方法。

（1）单人练习法

①快速移动跑。此训练是为了提高运动员迅速反应、准确判断的能力，变换起跑快。一般练习时每组 15 秒，练习 3 组。

由站立姿势开始，两眼注视指挥手势或判断信号。当练习者听到信号或看到手势后，按照指挥方向进行前、后、左、右快速变换跑动。一般发出的指令的间隔时间不超过 2 秒。

②越障碍跑。此训练是为了提高运动员快速、灵巧地通过障碍物体的能力。练习 2~3 组。

面对跑道站立（在跑道上设立多种障碍）。听到"开始"信号后，练习者迅速敏捷地跑、跳、绕，通过各种障碍物体，并跑完全程，可采用计时的方式进行练习。

③弓箭步转体。此练习方法是为了提高运动员跳起稍腾空、转体到位的运动能力。连续跳转 10 秒/组，共练习 3 组。

由（左）弓箭步姿势开始，两臂自然位于体侧。听到"开始"信号后，练习者两脚蹬地跳起，身体向左（右）转 180° 呈右箭弓步姿势，有节奏地交替进行。采用计时计数均可。

④俯卧撑跳转体。此训练方法是为了让动作更加正确和连贯，每次练习每组要持续 30 秒，共练习 3 组。

由站立或蹲立姿势开始。听到"开始"信号后，练习者完成一次俯卧撑动作，即刻接原地跳转 180°，计算 30 秒内完成动作的次数。

⑤原地团身跳。此训练方法是为了让运动员在进行运动时能够跳跃连贯，腾空明显、团身紧。持续练习 5 次/组，共练习 3~5 组。

由站立姿势开始。听到"开始"信号后，练习者原地双脚向上跳起，腾空后两腿迅速团身收紧，接着下落还原。连续进行团身跳。采用计时计数均可。

⑥退跑变疾跑。此训练方法是为了提高动作的变换速度，通过计时练习，重复 3~5 次。

由蹲距式起跑开始。听到"开始"信号后，练习者迅速转体 180°，快速后退跑 5 米，接着再转体 180°，向前疾跑 5 米。

⑦前、后滑跳移动。此训练方法是为了调整运动员前后移动的幅度，目的是保持幅度适中，水平移动。持续练习30秒/组，共练习2~4组。

两脚前后开立，上体稍前倾，两腿微屈，两臂位于体侧。听到"开始"信号后目视手势而移动身体，前滑跳时，后脚向后蹬地，前脚向前跨出，身体随之向前移动；当前脚落地后，随即向前蹬地，后脚向后跳，身体随之向后移动。前、后滑跳移动也可以采用左、右滑跳的方式进行练习。

（2）双人（结伴）练习

①模仿跑。此训练方法是为了让运动员在活动时保持注意力集中，随前变而变，动作协调、有节奏。持续练习15秒/组，间隔30秒，共练习4组。

2人一组，前后站立，间隔3米。听到"开始"信号后，前者在跑动中做出带有变向、急停、转身、跳跃等不同动作变换的练习，后者则模仿前者跑动。跑动中做出相同的动作变换。

②手触膝。此训练方法是为了提高运动员积极主动进攻对方的能力。每组持续练习20秒，间歇20秒，共练习4~5组。

2人一组，面对站立。听到"开始"信号后，双方在移动中伺机手触对方膝盖部位。身体素质良好者可采用一些鱼跃、前扑等动作。触膝次数少者受罚。

③躲闪摸肩。此训练方法是为了提高运动员的灵敏躲闪能力。可计算30秒内拍中对方肩的次数，重复2~3组。

2人站在直径为2.5米的圆圈内。听到"开始"信号后，练习者在规定的圈内跑动做一对一巧妙拍摸对方左肩的练习。

④过人。此训练方法是为了提高运动员的反应速度和肢体灵敏协调能力。在此训练期间，不准拉人、撞人，持续练习20秒/组，共练习4~6组。

在直径为3米的圆圈内，2人各站半圈。听到"开始"信号后，一人防守，一人设法利用晃动、躲闪等假动作摆脱防守者进入对方的防区。交替进行。

⑤障碍追逐。此训练方法要求充分利用障碍物进行躲闪、转身等动作快速跑动。持续练习20秒/组，间歇20秒，共练习5~6组。

乙方为被追方在前，甲方为追方在后。听到"开始"信号后，练习者利用障碍物进行一对一追逐游戏，追上对方用手触到身体任何部位，即刻交换进行。

2. 器械练习

器械练习法包括单人练习和双人（结伴）练习两种基本练习形式。

（1）单人练习

单人练习包括多种形式的传球、运球、顶球、追球、颠球、托球、接球和多球练习，滚翻传接球练习，悬垂摆动，翻越肋木，钻山羊，钻栏架，以及各种专项球类练习和技巧练习、体操练习等。

（2）双人（结伴）练习

结伴练习包括多种形式的传球、运球、接球、抢球、断球、跳跃障碍、顶球接前滚翻等练习。下面简略介绍几个练习动作。

①扑球。此练习过程要求逐渐加快抛球速度，判断准确，主动接球。

二人一组，面对站立。一人将球抛向另一人体侧，对方可利用侧垫步、交叉垫步或交叉步起跳扑向球，并用手接住球。2人交替进行练习。

②通过障碍。此练习过程中要求跑动迅速，变换敏捷。通过计时进行练习，重复练习3~5次。

面对障碍物站立。助跑5米，跳过山羊，钻过山羊，绕过双杠间，再返回起点。

③跳起踢球。此训练过程要求抛球到位，踢球准确。持续练习15次/组，重复练习2~3组。

2人间隔15米，面对站立。一人抛球至另一人体前或体侧方，对方快速跳起用脚准确踢球。交替进行练习。

④接球滚翻。此训练要求传球到位，接球滚翻协调、迅速。持续练习30秒/组，重复练习2~3组。

2人一组，一人坐在垫上（接球），另一人面对站立（传球）。坐在垫上，接不同方向、速度的来球。当接到左、右两侧的球后做接球侧滚动；接到正面的球后做接球后滚翻。交替进行练习。

3. 组合练习

组合练习，是指把两个或两个以上的动作组合起来进行练习。灵敏素质组合练习有两个动作的组合、三个动作的组合和多个动作的组合练习。

（1）两个动作的组合练习

两个动作的组合练习主要有：交叉步接后退步，前踢腿跑接后撩腿跑，俯卧撑接原地高频跑，前滚翻接挺身跳转180°或360°，侧手翻接前滚翻、后踢腿跑接圆圈跑、俯卧膝触胸接躲闪跑、坐撑举腿接俯撑起跑、转体俯卧接膝触胸、变换跳转髋接交叉步跑、盘腿坐接后滚翻等。

（2）三个动作的组合练习

三个动作的组合练习主要有：俯卧撑→原地高频跑→跑圆圈，交叉步→侧跨步→滑步，腾空飞脚→侧手翻→前滚翻，滑跳→交叉步跑→转身滑步跑等，转髋→过肋木→前滚翻，旋风脚→侧手翻→前滚翻等。

（3）多个动作的组合练习

多个动作的组合练习主要有：跨栏架→钻栏架→跳栏架→滚翻，后滚翻转体180°→前滚翻→头手倒立前滚翻→挺身跳，分腿跳→后退跑→鱼跃前滚翻→俯卧撑，倒立前滚翻→单肩滚翻→侧滚→跪跳起、腾空飞脚→旋子→前滚翻→乌龙绞柱、跨栏跳栏→滚翻、悬垂摆动→双杠跳下→钻山羊→走平衡木、摆腿→后退跑→鱼跃前滚翻→俯卧撑等。

4．游戏练习

发展灵敏素质的体育游戏方法很多，如各种应答性游戏、追逐性游戏、集体游戏等。下面简略介绍几种游戏方法。

（1）"一不成二"（贴膏药）

此游戏训练是为了发展运动者反应、躲闪及奔跑能力，要求被追者必须从圈外跑，不得穿过圆圈；贴人时必须以背部贴靠别人身前，保持圆形队伍；凡以手摸到被追者即为追上，此时追者与被追者互换，游戏继续进行；被追者不得跑离圆圈队伍3米外或向远处跑去。

练习者站成单层圆圈，左右间隔两臂；另设2人一追一逃，被追逐者可沿圈外奔跑，与追逐者周旋，当不再想跑时，可从圈外钻入圈内，以背部紧贴任何站立者的身前，呈2人重叠，此时重叠外层的人便成为被追逐者；凡在被追逐者已组成2人重叠之前未被抓住者，原来的被追者为安全，追逐者须开始追外层的人（第2人）。队伍始终保持单人圆圈。

（2）排头捉排尾

此游戏训练是为了提高运动者灵活性和奔跑能力。要注意在游戏过程中，队伍不能被拉断或拉散；排头触到排尾时，即刻更换排头和排尾，重新开始游戏。

练习者排成单行，用手抓住前面人的腰部；听到"开始"信号后，排头要努力地去捉排尾的人，而后半部分人则要努力地帮助排尾，不让排头捉到。

（3）跳山羊接力

此游戏的目的是培养运动者灵巧性并提高兴奋性。注意在运动期间要以单跳双落的动作起跳、落地，身体钻越山羊时不能碰器械。

把练习者分成人数相等的甲乙两组，分别站在距山羊 5 米的起跑线上；听到"开始"信号后，每组第一人助跑分腿跳过山羊，落地后，转体 180°，再从山羊底下钻出跑回击第二人的手，第二人与第一人动作相同，并以此类推进行。

（4）形影不离

此游戏是为了培养运动者的反应灵敏性。在运动期间要求甲方随机应变，乙方必须迅速准确地移动。

两人一组，标记为甲、乙，并肩站立。甲方站在右侧可以自由变换位置和方向，站在左侧的乙方必须紧随其后，跟进仍站到甲方右侧位置。

（5）"水、火、雷、电"

此游戏是为了培养运动者的灵活性和反应速度。要求想象力丰富，变换动作快。

练习者在直径为 15 米的圆圈内快跑，教练员接连喊已商定的口令，所有人必须做出与之相适应的动作。

（6）互相拍肩

此游戏是为了锻炼人的平衡能力和反应速度。要求伺机而动，身手敏捷。

两人相对 1 米左右站立，既要设法拍到对方的肩膀，又要防止对方拍到自己的肩膀。

（7）抓"替身"

此游戏是为了培养运动者反应能力和奔跑能力。要求反应迅速、躲闪灵敏。

成对前后站立围成圈，指定一人抓，另一人逃，逃者通过站到一对人的前面来逃脱被抓，后面的人立即逃开。当抓人者拍打着被抓者时，两人交换继续抓"替身"。

（8）双脚离地

此游戏训练是为了提高运动者的反应速度和观察应变能力。在练习时要求快速倒立、悬垂、举腿等。

练习者分散在指定的地方任意活动，指定其中几个为抓人者，听到教练的哨音后，谁的双脚离地就不抓他，抓人者勿缠住一人不放。

（9）听号接球

此游戏的目的是锻炼运动者的奔跑能力和反应速度。在运动期间要求根据时间和空间采取应急行动。

练习者围圈报数后向着一个方向跑动，教练持球站在圈中心，将球向空中抛起喊号，被喊号者应声前去接球。

（10）围圈打"猴"

此游戏是为了培养运动者的掷球技术，反应敏锐度。在练习时要求眼观六路，耳听八方，掷球准确，躲闪机灵。

指定几个人当"猴"在圈中活动，余者作为"猎人"手持 2～3 个皮球围在圈外，掷球打圈中的"猴"（只准打腿部），被击中的"猴子"与掷球的"猎人"互换。

（11）传球触人

此游戏是为了培养运动者的肢体灵活性和反应速度。要求传球者不得运球或走步违例，闪逃者不准踩线或跑出界外。

队员分散站在篮球场内。两个引导人利用传球不断移动，追逐场上队员并以球触及场内闪躲逃跑的队员。凡被球触及者参加传球，直到场上队员全部被触及为止。

（12）追逐拍、救人

此游戏是为了培养运动者的自我牺牲精神。在游戏时要求判断准确，闪躲敏捷，救人机智。

队员分散站在场内，指定 4 名引导人为追逐者，其他队员闪躲逃跑。当有人被追到时，需马上原地站立，两手侧平举。此时，同伴者可去拍肩救他，使之复活逃脱。

参考文献

[1] 朱亚男. 高校篮球运动教学与训练研究 [M]. 北京：九州出版社，2017.10.

[2] 董波. 高校体育管理研究 [M]. 西安：西安交通大学出版社，2017.04.

[3] 罗玲，温宇，蓝芬. 体育教育教学改革研究 [M]. 北京：民族出版社，2017.11.

[4] 江宇. 大学体育与健康 [M]. 苏州：苏州大学出版社，2017.09.

[5] 朱岩，刘涛，赵玉珩. 大学体育教程 [M]. 上海：上海交通大学出版社，2017.08.

[6] 张相安，杨建华. 大学体育与健康 [M]. 北京：北京邮电大学出版社，2017.08.

[7] 王夫权，刘金柱. 新编大学体育与健康教程 [M]. 成都：电子科技大学出版社，2017.04.

[8] 张林. 人体运动生理生化评定实验教程 [M]. 苏州：苏州大学出版社，2017.09.

[9] 薛文忠. 当代武术与民族传统体育专业人才培养模式 [M]. 长春：东北师范大学出版社，2017.10.

[10] 冯斌，王一乐，郭华帅. 现代高校体育教学与运动训练方法研究 [M]. 长春：吉林大学出版社，2018.08.

[11] 马鹏涛. 高校体育教学改革创新与科学化训练研究 [M]. 北京：新华出版社，2018.03.

[12] 余峰. 现代高校羽毛球运动教学与训练策略 [M]. 北京：九州出版社，2018.09.

[13] 杨照亮. 基于体育强国背景下现代篮球运动的教学与训练研究 [M]. 长春：东北师范大学出版社，2018.05.

[14] 潘瑞成. 高校学术文库体育研究论著丛刊跆拳道运动文化与技能教学研

究[M].北京：中国书籍出版社，2018.10.

[15] 张新萍，武东海，尚瑞花.大学体育新兴运动项目教程[M].广州：中山大学出版社，2018.09.

[16] 冯涛.足球教学设计与训练实践研究[M].长春：吉林大学出版社，2018.01.

[17] 曹丹.体育健康与体育教育学研究[M].天津：天津科学技术出版社，2018.05.

[18] 熊浩然.体育舞蹈与全民健身[M].北京：科学技术文献出版社，2018.08.

[19] 胡国鹏.科学运动与"氧"生[M].福州：海峡文艺出版社，2018.09.

[20] 谭晓伟，岳抑波.高校篮球教学开展的理论与实践研究[M].长春：吉林人民出版社，2018.12.

[21] 夏越.现代高校体育教学研究[M].北京：北京理工大学出版社，2019.01.

[22] 刘景堂.高校体育教学改革研究[M].北京：中国纺织出版社，2019.12.

[23] 陈轩昂.新时期高校体育教学的改革与发展[M].北京：航空工业出版社，2019.01.

[24] 谷茂恒，姜武成.高校体育教学评价体系的构建[M].北京：航空工业出版社，2019.01.

[25] 郝英.高校体育教学俱乐部的组织与设计[M].北京：九州出版社，2019.11.

[26] 张京杭.高校体育教学方法实践探索[M].北京：现代出版社，2019.10.

[27] 杨乃彤，王毅.高校体育教学创新及运动教育模式应用研究[M].北京：九州出版社，2019.12.

[28] 廖建媚.高校公共体育教学环境研究[M].厦门：厦门大学出版社，2019.12.

[29] 刘伟.高校体育教育创新理念与实践教学研究[M].北京：九州出版社，2019.06.

[30] 蒋明建，左茜颖，何华.高校体育教学体系的建设与发展[M].长春：吉林大学出版社，2020.07.

[31] 欧枝华.新时期高校体育教学及其课程体系改革研究[M].北京：中国纺织出版社，2020.03.

[32] 杜烨，刘斌，刘慧.新背景下的高校体育教学改革与发展[M].北京：原

子能出版社，2020.07.

[33] 邱天. 高校体育创新思维的教学与实践[M]. 厦门：厦门大学出版社，2020.07.